문화충돌, 그리고 너그러움의 진화
바로크 궁정문화에서 디즈니까지

문화충돌, 그리고 너그러움의 진화

바로크 궁정문화에서 디즈니까지

서이자 지음

채류

일러두기

- 이 책에서 문자로 기록된 텍스트와 이미지로 기록된 텍스트를 구분하기 위해 책과 논문은 각기 『 』와 「 」로, 이미지로 기록된 영화·오페라·연극은 《 》, 회화와 조각 작품은 〈 〉로 표기하였다.
- 이 책에 실린 7편의 글은 학술지에 발표했던 글을 문화충돌이란 주제로 다시 쓴 것이다. 각 논문이 실린 학술지는 이 책의 목차 순서대로 다음과 같다.
  『프랑스사연구』11호(한국프랑스사학회, 2004), 『서양사론』108호(한국서양사학회, 2011), 『역사비평』77호(역사문제연구소, 2006), 『서양사론』94호(한국서양사학회, 2007), 『역사와 문화』3호(한국문화사학회, 2001), 『미국사연구』16집(한국미국사학회, 2002), 『미국학논집』38집(한국아메리카학회, 2006).

책머리에

　인간이 동물과 다른 점은 역사가 있다는 사실이다. 동물은 한 생명이 한 번의 삶을 살지만, 인간은 역사에 기록된 경험과 지혜로 수천 년간 누적된 인류의 삶을 산다. 역사는 유한한 존재인 인간이 동물에서 떨어져 나와 영원을 사는 신에게 다가간 자취다.

　역사는 또 과거의 누군가에게는 미래인 일을 우리에게 과거로 보여준다. 이러한 시간의 차이는 적어도 둘 이상의 관점을 제시해준다. 기원전 4세기 아리스토텔레스는 노예제도를 옹호했다. 노예는 노예로 사는 게 목적이자 본질, 즉 텔로스telos라는 논리다. 하지만 그가 백 년 후에 태어났다면? 전쟁에서 패한 카르타고의 한니발 장군을 만났다면? 그때에도 노예로 사는 게 한니발의 텔로스라고 주장할까? 전쟁에 패했다는 이유만으로 인격권을 박탈하는 게 정당하다고 주장할까? 구술문화에서 문자문화 시대로 막 접어든 시기에 살았던 이 철학자에게 부족했던 건 자신의 이론에 반하는 예외를 만날 기회, 한 개인이 아닌 인류의 경험, 결국 역사였다.

　현대인은 적어도 노예제도[1]에 대해서는 이 위대한 철학자보다 열린 사고를 한다. 종교의 자유와 왕정의 종식을 위

---

[1] 노예제도는 고대의 현상만은 아니다. 오히려 근대 서구 제국주의에 의해 아프리카와 아메리카 대륙의 대농장 지역에서 광범위하게 부활되었다. 사우디아라비아에서 노예제도가 폐지된 1960년대에 와서야 지구상 최후의 노예제도는 사라졌다.

해 목숨을 바쳤고, 진리란 이름으로 주변인을 억압하는 지배문화에 맞서 저항해온 역사 덕분이다. 그러한 역사가 아직 가지 않은 미래가 아닌, 다행히 지나온 과거에 있기 때문이다.

자유와 지혜에 다가가기 위한 끝없는 도정에서 저항과 충돌은 불가피하다. 그리고 종교 전쟁이든 정치 혁명이든 모든 충돌은 문화충돌을 수반한다. 예를 들어 가톨릭과 개신교 사이의 종교 전쟁은 비단 종교해석을 둘러싼 대립만은 아니었다. 시끌벅적한 종교의례에 참여하는 농촌공동체 문화와 골방에서 기도하고 성서를 읽는 도시민의 내면적인 개인주의 문화의 충돌이기도 했다.

이 책에 실린 일곱 편의 글을 하나로 묶어주는 주제도 문화충돌이다. 그중에서도 주변집단이 지배집단에 문제를 제기한 경우라, 각 시대에 출현한 새로운 주변부에 귀를 기울였다. 1부는 프랑스 혁명과 나폴레옹 시기, 프랑스 내의 신분충돌과 프랑스와 스페인 간의 민족충돌, 두 사례를 다루었다. 먼저 1장에서는 왕정이냐, 공화정이냐의 체제를 둘러싼 정치투쟁의 표면 아래서 진행된 귀족과 부르주아의 문화충돌, 그중에서도 성 문화의 차이를 조명했다. 마리 앙투아네트 왕비를 주제로 한 포르노그래피 판화그림이 대량으로 유포되어 절대주의 왕가의 신성성과 정통성을 무너뜨린 것처럼, 성은 혁명문화를 이해하는 핵심코드다. 귀족과 부르주아의 상반된 성 문화 비교는 하나의 문화만이 정상이라는 배타적 도덕관념을 유연하게 만드는 첫걸음일 것이다.

2장에서는 정복자 나폴레옹에 저항한 마드리드 민중봉기를 스페인 화가 고야의 시선으로 재구성했다. 힘을 정체성의 근간으로 삼는 스페인에서 위로는 국가권력, 아래로는 시민군 저항이 프랑스군에 의해 유린당했다. 혁명과 자유를 상징한 나폴레옹군은 해방군이 아니라 마드리드 시민을 학살한 정복자였다. 인간의 어두운 내면과 무의식을 예민하게 포착한 고야는 한 시대의 그늘을 비춰준다. 어둠을 이해할 때 역사를 보는 시선은 더욱 풍부해진다.

2부는 혁명 이후의 근대로, 발터 벤야민이 '모더니티의 수도'라 칭송한 19세기 파리를 무대로 부르주아와 노동자 문화를 비교했다. 프랑스 혁명과 산업 혁명으로 정치, 경제를 장악한 부르주아는 공교육제도를 통해 자신들의 문화를 사회규범으로 정착시켰다. 부르주아 문화의 독점적 지위를 비판하는 목소리는 노동자에게서 나왔다. 1장은 파리 북동부의 노동자 거주구역에서 카페와 신문을 중심으로 노동자문화의 탄생을 보았다.

2장은 인상주의 화가가 본 노동자다. 이웃한 몽마르트르에 모여든 인상주의 화가와 사실주의 소설가는 역사가보다 먼저 근대의 새로운 현상인 노동자에 주목했다. 노동자에 대한 정보는 대부분 노동자 주거환경을 검사하는 위생검시관, 의사, 경제학자 혹은 부르주아 고용주가 남긴 것이다. 문서보관소의 기록이 놓치는 노동자의 고통과 슬픔, 자부심과 계급문화는 화가의 눈에 포착되었다. 화가는 일반인이 보지 못하는 영역으로 우리의 인식을 확장시켜 준다.

3부에서는 20세기 대중문화인 록 음악과 애니메이션을 소개했다. 1장에서 다룬 록 음악은 기존 음악에 대한 반발만은 아니었다. 프랑스 혁명 이후 서구를 지배한 부르주아 가치에 대한 공격이자, 대량살상과 인간성 파괴인 1, 2차 세계대전, 뒤이은 냉전시대의 억압적 문화에 대한 저항이었다.

2장에서는 워터게이트 스캔들[2]로 미국역사상 유일한 대통령의 사임, 오일쇼크에 따른 경기침체와 보수주의 정권으로 이어진 1970년대를 다루었다. 희망의 시대였던 60년대와는 달리 불신이 승리한 시대에 등장한 글램록은 부르주아 성도덕을 조롱했고, 펑크록은 빈곤과 황폐, 자기 파괴의 미학으로 기존 질서를 풍자했다. 전근대 민중축제인 카니발의 풍자와 전복성이 반문화의 핵심 코드로 계승된 것이다. 무시됐던 대상에서 새로운 의미를 발견하는 것은 이해의 지평을 넓히는 지름길이다.

마지막 장은 디즈니와 미야자키 하야오 애니메이션의

---

[2] 베트남 전쟁을 반대하는 민주당의 선거운동본부가 있던 워싱턴 D.C의 워터게이트 호텔에서 도청장치가 발견되었다. 닉슨 대통령은 관련사실을 부인했으나 후일 발견된 녹음테이프에서 사실이 밝혀져 하원에서 탄핵이 결의되고, 닉슨은 미국대통령 중 유일하게 임기 중 사임하였다. 이 사건은 도덕성을 중시하던 당시의 정치풍토에서, 대통령의 거짓말로 큰 충격을 주었다.

비교다. 애니메이션은 잠재적으로 관객층이 가장 넓을 뿐 아니라, 성장기에 접하는 첫 번째 매체다. 디즈니는 서구 근대가 꿈꾼 희망보고서이다. 하지만 정형화된 가족상과 행복에 대한 고정관념은 그에 속하지 못한 많은 사람을 소외시킨다. 정형에서 벗어난 미야자키의 예외들이 다양한 가치를 인정할 확률이 높다. 때론 디즈니의 행복한 낙원에서 벗어나, 히로시마 원폭과 근대의 파괴속성을 언급한 미야자키를 마주하는 건 우리 사고의 균형감각을 위해서도 필요하다.

사람들은 젊은이에게 여행을 권한다. 넓은 세상으로 나아가 다양한 문화를 만날 때, 폭넓게 사유하는 습관을 체득하기 때문이다. 역사는 언제 어디서나 준비 없이 시작할 수 있는 시간여행이다. 카페에서 정치토론에 열중한 이름 없는 파리 노동자, 이들을 그리는 반 고흐, 또 노동자의 삶을 노래하는 브뤼앙과 만날 수 있다. 낯선 것과 마주칠 때 본능적으로 경계심을 품겠지만, 높은 곳에 올라가 멀리보고 미로처럼 얽힌 골목을 따라 걸으며 사소한 것에도 주목해보자. 깊게 느끼고, 유연하게 사고하며, 그 경험을 오래도록 기억하는 여행자로서.

역사가 인류에게 주는 선물은 기술문명이나 생산력의 발전만이 아니다. 젤딘[3]이 언급했듯이 중요한 건 수많은 시

---

3 테오도르 젤딘. 영국역사가. 대표저서로 『인간의 내밀한 역사』(강, 2001)가 있다.

행착오를 거친 후 낯선 것을 이해하고 다양성을 인정하는 자세, 바로 "너그러움의 진화"다.

차례

일러두기 4

책머리에 5

프롤로그: 문화충돌의 역사, 그에 관한 짧은 이야기 » 13

제1부
프랑스 혁명과 나폴레옹 전쟁 시기의 문화충돌

1장. 궁정귀족과 부르주아의 성 문화 충돌 » 55

2장. 나폴레옹에 맞선 스페인 화가 고야 » 79

제2부
19세기 산업화와 파리 노동자 문화

1장. 카페와 신문을 통해 형성된 노동자 문화 » 107

2장. 인상주의 회화와 풍자만화의 노동자 이미지 만들기 » 131

제3부
포스트모던 시대의 록 음악과 애니메이션

1장. 저항음악의 역사: 록에서 힙합까지 » 163

2장. 뒤집어진 세상, 카니발 전통의 부활: 글램록과 펑크록 » 189

3장. 문명, 가족, 사랑과 행복에 관한 두 개의 시선:
   디즈니 vs 미야자키 하야오 » 219

에필로그: 식탁 위의 문화충돌 » 245

찾아보기 259

문화충돌의 역사, 그에 관한 짧은 이야기

프롤로그

역사가는 지나간 역사를 현재 시점에서 재구성한다. 수많은 정보 가운데 중요한 것을 선별하고 선별된 정보들 사이의 관계를 파악, 이를 아우르는 설명 틀을 제시한다. 문명의 교류나 문화충돌을 설명할 때도 다양한 설명 틀이 적용된다. 피터 N. 스턴스를 비롯한 많은 역사가들은 문명의 교류로 종교나 이념, 문화가 전파된 긍정적 측면을 강조한다.[1] 반면 윌리엄 맥닐은 파괴적인 측면에 주목했다. 그에 따르면 문명충돌은 전쟁과 전염병의 역사다.[2] 몽고제국의 팽창은 페스트를 옮겨 유럽인구의 1/3의 목숨을 앗아갔고, 유럽인과 함께 아메리카 대륙으로 건너간 전염병으로 신대륙 원주민이 80%까지 사망하면서 인구가 급감하고 문명이 파괴된 게 사실이다. 고대부터 현재에 이르기까지의 문명교류의 거대한 흐름을 아우르는 이들 연구는 역사의 큰 흐름을 제시한다. 대신 흐름에서 벗어난 사례를 제외하

---

[1] 피터 N. 스턴스, 『지도로 보는 문화사』(궁리, 2007).
[2] 윌리엄 맥닐, 『전염병과 인류의 역사』(한울, 2009); 『전염병의 세계사』(이산, 2005).

거나 세부적인 사항에 소홀한 경향이 있다.

반대로 특정 시기, 특정 지역에서 발생한 문화충돌에 관한 연구는 세부 사실을 면밀히 검토한다. 예를 들어 카를로 진즈부르그, 『치즈와 구더기: 16세기 한 방앗간 주인의 우주관』[3]은 한 마을에서 일어난 종교재판 기록을 분석해 가톨릭문화와 민중문화의 미묘한 간극과 충돌을 해독해냈다. 이러한 연구는 특정 사건을 현미경처럼 들여다보지만, 역사의 전체적인 흐름은 간과하게 된다.

필자의 책은 서구 근대사에서 발생한 문화충돌의 일곱 가지 사례를 다루었다. 부족한 부분인 고대부터 현대까지의 문화충돌에 관한 개요는 프롤로그로 대신하고자 한다. 문화충돌이 다양한 문화가치를 인정하고 수용하는 개방적이고 너그러운 태도를 발달시킨 경우도 있고, 그렇지 못한 경우도 있다. 하지만 파괴적이기만 했던 충돌도 시간이 지나면 문제점을 파악, 이를 반성하고 재발을 방지하려는 노력이 뒤따랐다. 이 글은 그 자취를 따라가 보는 짧은 이야기다.

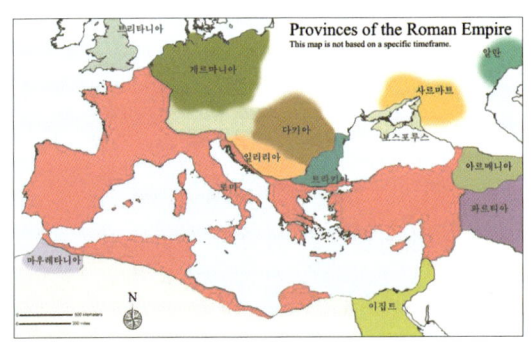

고대 카이사르 시대 로마의 영토

---

[3] 카를로 진즈부르그, 『치즈와 구더기: 16세기 한 방앗간 주인의 우주관』(문학과지성사, 2001).

1. 고대

1) 아테네, 신뢰와 상호존중의 문화

기원전 8세기경 그리스 반도에 도시국가인 폴리스polis가 탄생, 유럽문명의 출발을 알렸다. 그리스 사회는 지중해 동쪽의 북아프리카나 중동지역의 고대문명에서 영향을 받았다.[4] 예술과 무기[5] 외에 중요한 영향은 페니키아 알파벳이다. 이집트의 상형문자에서 파생된 것을 그리스어에 맞게 수정한 문자였다. 발달된 동방문명과 가깝다는 지리적 이점이 문자전파로 이어진 긍정적 사례다.

대표적 폴리스인 아테네는 플라톤 시대에 구술문화에서 문자문화로 이행했다. 플라톤의 스승인 소크라테스가 말만 했지, 글을 쓴 적이 없다는 사실을 상기해보면 문자문화로의 이행 시점이 소크라테스 이후임을 짐작할 수 있다. 플라톤과 그의 제자인 아리스토텔레스는 과학 혁명이 일어나는 17세기까지 서구지성사의 핵심이 되는 원리를 글로 남겼다. 문자유입이 조금만 늦었더라도 서구문명의 위대한 유산이자 영감의 근원인 고대철학, 문학, 수학이 발전

---

4 참고문헌으로는 Walter Burker, *The Orientalizing Revolution: Near Eastern Influence on Greek Culture in the Early Archaic Age*(Cambridge, Mass., 1992).

5 그리스 보병의 방패는 중동에서 도입된 장비를 모방한 것이다. 스턴스, 『지도로 보는 문화사』 pp.28~29.

하기도 전에 그리스문명이 사라졌을지도 모른다.

　반면 스파르타에서는 기록문화가 전사귀족에게 합당치 않았다. 인구가 적고 폐쇄적인 특성상 말은 문서 이상의 무게를 지녔다. 전쟁과 약탈이 잦은 고대사회에서 중요한 문서는 적에게 빼앗겨 악용될 위험도 있었다. 오늘날 스파르타에 대한 연구가 적은 이유도 기록된 자료가 거의 없기 때문이다.

　시민들의 직접 민주정치를 발전시킨 아테네와 귀족들의 폐쇄적인 전사공동체를 유지한 스파르타는 상반된 가치를 대표하는 폴리스였다. 왜 아테네만이 민주정치를 발달시켰을까? 두 폴리스는 군대의 구성원에서 달랐다. 호메로스가 『일리아스』에서 찬양한 밀집대형 전술은 개별 영웅의 용맹함보다 다수의 협력을 강조하는 전술이었다. 개인 간의 경쟁이 억제되고, 전투의 명예와 영광은 폴리스 전체의 몫으로 바뀌었다.[6] 귀족만이 무장 가능했던 기병 시대에서 부유한 시민이 참여하는 보병 시대로의 전환은 정치에 참여할 권리가 점차 확대됨을 의미했다. 페르시아의 침입으로 아테네의 주요 전장은 바다로 바뀌었고 갤리선의 3개 층에 배치되는 300명이 넘는 노 젓는 수병의 비중이 커졌다. 수병에게 필요한 건 강인한 팔과 통일적으로 노를 젓는 박자 감각뿐이었다. 아무리 가난한 시민이라도 폴리스

---

6 존 맥닐, 윌리엄 맥닐, 『휴먼 웹: 세계화의 세계사』(이산, 2007), p.101.

방어에 기여하게 된 것이다. 그 대가는 모든 성인남성 시민이 투표로 폴리스의 일을 결정하며, 최고 행정관 직조차 추첨으로 돌아가는 직접 민주정치였다. 시민들 사이의 신뢰와 상호존중이라는 너그러운 문화는 페르시아와의 전쟁이라는 충돌과 위기의 산물이었다.

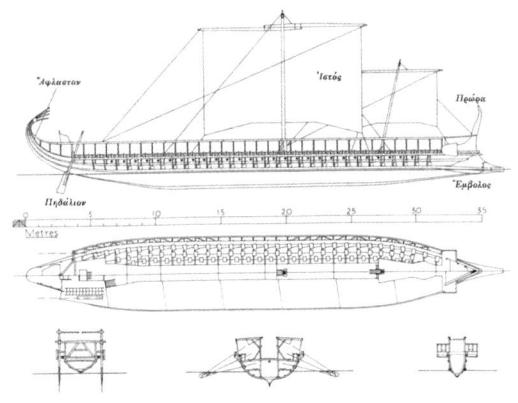

아테네의 3단 갤리선. 노 젓는 수병이 3층으로 배치되어 배의 속도가 빨라 해전에 유리했다. 값비싼 무기를 구입하지 않아도 강인한 팔과 노를 젓는 박자감각만 있으면 수병이 될 수 있었기에 가난한 시민도 전쟁에 참여, 그 보상으로 참정권을 갖게 되었다.

2) 알렉산드로스 제국과 세계시민주의

아테네와 스파르타는 페르시아 제국의 침략에 공동으로 저항해 살아남았으나,[7] 결국 그리스 북쪽의 마케도니아 왕국에 의해 멸망했다. 알렉산드로스 대왕의 마케도니아는 동방원정을 감행, 이집트와 페르시아 제국을 무너뜨리고 인도까지 도달했다. 알렉산드로스는 제국 곳곳에 그리

---

[7] 페르시아 전쟁 이후 아테네를 중심으로 폴리스들이 뭉친 델로스 동맹과 스파르타를 중심으로 한 펠로폰네소스 동맹 사이의 후속 전쟁이 발생했다. 승리자의 이름을 딴 펠로폰네소스 전쟁이다. 스파르타 측이 승리한 원인 중 하나로 아테네 측 병영에 전염병이 돌아 순식간에 병사의 절반이 사망한 것도 꼽힌다. 당시 번진 전염병은 증세로 보아 홍역이라 추정된다. 오늘날 어린아이에게나 위험한 병이 고대 지중해 유역에는 처음 등장했기에, 면역체계가 없는 어른에게 치명적이었다. 맥닐, 『전염병과 인류의 역사』 참조.

알렉산드리아 도서관 유적. 알렉산드로스 제국시절 세계의 모든 책이 모이는 곳으로 유명했으며 그리스 학문의 중심지였다.

스인 관리를 기용, 그리스 문화를 적극 수용하였다. 그는 이집트를 정복해 자신의 이름을 딴 도시 알렉산드리아를 세웠다. 세계의 모든 책이 모이는 도서관으로 유명한 알렉산드리아는 그리스 학문의 중심지가 되어 이를 세계에 전파했다. 유대인들이 이집트에 정착, 그리스어를 사용하며 자유롭게 활동했던 것도 이 시기였다.[8]

제국의 팽창과 문화충돌은 이방인에 대한 편견을 바꾸었다. 도시국가에 머물던 시절, 신전 벽에 조각된 반인반마의 켄타우로스가 그리스문명과 차별화되는 야만의 상징이었다. 페르시아인도 야만적인 괴물로 인식되었다. 외부세계에 대한 이러한 편견은 알렉산드로스의 인종융합 정책으로 극복된다. 낯선 타자를 만나 교류하는 과정에서 이해와 수용, 너그러움이 진화한 결과다.

제국은 대왕의 사후 빠르게 해체되지만, 정복지의 다양한 인종을 결혼 정책으로 융합하고, 조화로운 사회를 지향

---

8 이후 종교박해로 인한 유대인의 끊임없는 이동은 그리스어 확산이라는 문화적으로 중요한 결과를 동반한다. 스틴스, 『지도로 보는 문화사』, p.54.

한 세계시민주의cosmopolitanism, 그리고 폴리스의 좁은 경계를 넘어 세계로 나아간 헬레니즘 문화는 중요한 자취를 남겼다. 무엇보다 거대한 제국의 부와 권력, 인종적 다양성에 작은 도시국가 시절의 시민적 자유와 평등, 상호존중이라는 이상을 조화시킨 업적은 역사에 이상적 모델로 남았다.

3) 로마의 팽창, 유연해진 가족 울타리

뒤이어 등장한 로마제국은 도시국가에서 출발하여 유럽 역사상 영토가 가장 넓은 제국으로 팽창했다. 로마제국은 후일 나폴레옹과 히틀러를 포함한 모든 제국주의자들의 영원한 꿈이 되지만, 그 번영만큼 희생된 문명과 사람들이 광범위했음은 말할 것도 없다.

로마가 발전시킨 로마법, 아치와 돔의 건축기술, 도로건설도 문명발달사에서 중요하다. 하지만 너그러움의 발전이라는 정신적 측면을 보기 위해서는 가족제도를 살펴봐야 한다. 가족제도는 폴리스에서 출발한 같은 지중해문명이라는 공통점으로 묶인 그리스 사회와 로마 사회의 차이가 드러나는 지점이다. 제국으로 팽창한 로마는 다양한 인종, 종교, 문화가 융합된 만큼이나 구성원의 신분변동이 가능했고, 여성의 지위도 역사상 비슷한 사례를 찾기 힘들 만큼 특별했다.

결혼 후에도 여성은 상당한 자율성을 확보했다. 역사

아우구스투스 황제. 로마 제국의 초대 황제인 그도 카이사르 장군의 양자였다.

로마제국의 전성기를 구가한 5현제 시대의 하드리아누스 황제. 선대황제인 트라야누스 조카딸의 남편이었다가 아들로 입양되어 황위를 이었다. 선대인 트라야누스부터 수염을 기른 로마황제를 볼 수 있는데, 이들이 그리스 철학자를 존경하고 그 모습을 닮고자 했기 때문이다.

상 아내가 원하는 이혼이 이처럼 쉬웠던 시대도 없다. 남편이 전쟁에 나간 사이 아내가 지참금을 들고 다른 남자에게 가면 이혼과 재혼이 성립되었다. 결혼이 국가나 종교기관의 인가를 받아야하는 공적이고 제도적인 일이 아니었기 때문이다. 결혼은 양가 아버지들 사이의 사적인 약속이었고, 이혼 또한 친정아버지의 동의로 이루어졌다. 제국으로 팽창할수록 황제의 권력도 강력해졌고, 국가의 축소판인 가정의 수장, 즉 아버지의 권한 또한 병행해서 확대된 것이다.

전쟁포로로 잡혀온 노예가 상류층 가정에 입양되는 사례는 영화 《벤허》에서만이 아니라 실제 역사에서 일어난 일이다. 파격적인 입양 또한 가부장권이 막강한 사회의 현상이다. 아들은 성인이 되어 최고위 공직자가 된 후에도 아버지의 허락 없이 돈을 빌릴 수도, 마음에 드는 노예를 해방시킬 수도 없었다. 교육을 잘 받은 아들은 아버지를 아버지라 부르지 않고 주인님이라 불렀다. 아버지에게는 아들의 생사여탈권까지 주어져, 둘 사이의 관계는 거칠었다. 아버지는 부친살해를 꿈꿀지 모르는 아들과 그 아들을 도울 잠재적 협력자인 아내를 불신했다.[9] 대신 아무런 연고가 없어 자신에게만 충성할 해방노예나 먼 친척을 아들로

---

[9] 앙드레 뷔르기에르 외, 『가족의 역사 1: 오래된 세계, 이질적인 선택』(이학사, 2001) 참조.

20 문화충돌, 그리고 너그러움의 진화

입양해 가족 내부에 안전망을 설치하였다.[10]

아들의 지위는 불안정했지만, 그 대신 여성과 노예, 외국인이 운신할 수 있는 범위, 가족 구성원과 외부인 사이의 경계는 유연해졌다. 여성, 노예, 외국인을 폴리스 사회에서 철저히 소외시켰고, 아내를 사랑하는 걸 기이하게 여길 정도로 여성의 지위가 낮았던 그리스에 비하면 로마 사회는 여성의 지위가 높았고, 가족과 사회 안으로 외부인을 수용하는 데 너그러웠다. 믿을 수 있는 뛰어난 외부인이 능력이 없는 내부인보다도 가족과 제국의 발전에 더 기여하리라는 믿음, 혈연이나 출신보다 입양이라는 자발적 가족관계와 개인의 능력이 높이 평가됐던 문화는 타자에 대한 부당한 편견이 극복된 이상적 사례다.

고대 로마 폼페이의 빵가게 부부. 아내가 들고 있는 것은 필기도구와 기록장부이다. 부부가 함께 그려진 초상화는 남편과 아내가 소원했던 그리스사회에서는 보기 힘들다.

1차, 4차, 7차 십자군의 이동경로

---

10 입양제도의 보편성은 로마의 번영과 평화를 대표하는 두 시기의 황제가 모두 입양아라는 사실에서도 알 수 있다. 로마를 공화정에서 제정으로 바꾼 초대황제 아우구스투스, 그리고 제국의 전성기인 5현제 시대의 평화를 구가한 하드리아누스 황제가 그들이다. 아우구스투스는 카이사르가 유언을 통해 양자로 삼은 먼 친척이며, 스페인 출신인 하드리아누스는 선대 황제인 트라야누스의 조카딸의 남편으로 피가 이어지지 않은 경우다.

2. 중세

1) 교회법과 생명권 보장

고대 노예는 인간이 아닌 가축과 비슷한 존재로 취급되었다. 노예는 사고파는 대상이며, 노예의 생명 또한 주인에게 달려 있었다. 노예는 결혼을 할 수도 가정을 꾸릴 수도 없었다. 이는 노예가 부모세대에서 자식세대로 이어지지 않음을, 시간이 지남에 따라 노예 수가 감소할 수밖에 없음을 의미했다. 노예는 외부로부터 끊임없이 공급되어야만 했다. 전쟁포로를 노예로 삼거나, 배를 타고 나가 해안가 사람들을 유괴해오는 일 외에는 다른 방도가 없었다. 고대사회의 끊임없는 정복 전쟁은 부족한 생산력을 약탈로 보충하려는 의도와 노동력을 공급할 필요성 때문이었다.

서로마제국은 북방의 유목민족인 게르만의 침략으로 5세기에 멸망하였다.[11] 고대의 멸망이자 중세 천 년의 시작이었다. 중세가 시작되면 노예가 대부분 사라지고 농노가 그 자리를 대신한다. 농노는 토지, 즉 영주의 장원에 묶여 있어 그곳을 떠날 자유가 없다는 의미에서 자유농과는 차별화된다. 경작하는 토지 또한 소유가 아니라 영주의 토지

---

11 거대한 영토를 통치하는 어려움 때문에 고대 로마제국은 동로마와 서로마로 분리되었다. 비잔틴 제국으로도 불리는 동로마제국은 서로마가 멸망한 이후에도 천 년간 지속되었다가 오스만제국에 의행 멸망한다.

를 빌리는 것이므로 막대한 지대를 지불해야했다. 그러나 고대 노예와 달리 중세 농노는 교회법에 의해 생명을 보호받았다. 영주라 하더라도 농노를 이유 없이 죽일 수는 없었다. 농노는 매매의 대상도 아니었다. 무엇보다도 농노는 결혼을 해서 가족을 구성해 살아갔다. 이 같은 사회하층민의 신분상승은 더 이상 정복 전쟁 없이도 한 사회의 노동력을 자연적으로 존속시키는 통치체제의 합리화 때문이기도 하다. 하지만 농노의 생명과 최소한의 인격이 보장된 점은 인간 모두가 신의 형상을 닮은 피조물이며 영혼을 갖는 존재임을 천명한 기독교 사상에 힘입은 커다란 변화다. 야만적 유목민족인 게르만인과 기독교라는 고등종교의 만남은 하층민 인권발달의 첫걸음이었다.

기독교 이전의 고대 그리스, 로마인은 낳은 자식을 모두 키우는 유대인의 관습을 이해하지 못했다. 기형아를 유기하는 것은 고대 유럽사회의 일반화된 법칙이었다. 스파르타 사람들은 더 나아가 약한 아이를 버리고 강한 아이만을 키우는 게 합리적이라 여겼다. 기독교의 도입으로 중세사회의 가족과 사회적 약자에 대한 관대함이 증가한 것이다. 그러나 종교의 관대함이 이교도에겐 해당되지 않는 방향으로 작동했으니 그 결과가 십자군 전쟁의 대학살이었다.

2) 십자군 전쟁, 가장 비극적인 충돌

7세기, 마호메트Muhammad, 570년경~632가 이끄는 이슬람 세력이 아라비아 반도를 통일하고 지중해까지 점령했다. 유럽인은 지중해에 배는커녕 널빤지 하나 띄울 수 없었다는 앙리 피렌의 주장은 이 시기의 정세를 요약하는 말이다.

알프스산맥 북쪽을 주 무대로 새로운 정복자인 게르만 전사들 사이의 영토 전쟁과 약탈이 계속되면서 지방분권적인 봉건사회를 형성한 중세유럽이 외부로 눈을 돌린 사건이 십자군 전쟁이었다. 게르만 전사의 폭력성을 순화시키고자 노력해온 교회는 통제 불능의 폭력성을 차라리 외부세계로 돌릴 명분을 찾아냈다. 성지탈환을 목표로 11세기부터 13세기에 걸친 유럽과 이슬람 세계의 충돌은 이렇게 시작되었다. 역사상 가장 비극적인 파괴와 상호증오를 낳은 충돌이었다. 기독교 신앙심이 강화될수록 유럽인에게 이슬람교는 기독교와 다른 또 하나의 종교가 아닌 악마신앙으로 인식되었다. 성전이란 명목으로 무차별적인 학살이 정당화되었을 뿐 아니라, 오히려 깊은 신앙심의 증거가 되었다.

중세사회는 고대와 비교해서도 놀라울 만큼 닫힌 사회였다. 로마 가톨릭이라는 단일 종교의 지배하에 다양한 문화와 사상의 발전을 허용하지 않는 엄격한 종교공동체였다. 이슬람이 지배한 스페인의 톨레도가 이슬람과 유대인의 과학과 철학을 배우려는 학자들을 유럽전역에서 끌어들였지만, 여전히 소수의 지식인만이 종교와 학문의 자유로운 풍토를 경험했을 뿐이다. 닫혀있던 중세사회가 이질적인 문명과 만난 첫 번째 기회가 십자군 전쟁이었다. 이 충돌이 상호 오해와 증오심만을 증폭시켰을 뿐, 타자를 인정하는 쪽으로 나아가지 못한 것은 당연한 결과였다.

스위스 제네바에 있는 적십자, 적신월 박물관 앞의 두 깃발

십자군 전쟁은 이 책의 주제인 너그러움의 진화에 정반대되는 사례이다. 하지만 긴 역사의 과정에는 반드시 예외가 있으며 역사가는 자신의 이론을 지지하는 사례뿐 아니라, 반대되는 사례도 감추지 않아야 한다. 서구와 이슬람 문명 사이의 증오는 오늘날까지 이어지고, 전쟁의 최고 명분은 21세기에도 여전히 성전이다. 성전을 뜻하는 영어단어 Holy War와 십자군 전쟁을 뜻하는 Crusade가 오늘날 동의어로 쓰이는 것도 이러한 역사 때문이다. 하지만 희망의 불모지에서도 작지만 중요한 변화가 목격된다. 적십자사는 이슬람권에서는 고유의 표식인 붉은 십자가Red Cross 깃발을 붉은 초승달Red Crescent 깃발로 바꾼다. 십자가가 이슬람에게 학살을 상징했던 역사를 기억해 그 지역정서를

프롤로그 25

존중하고 함께 사는 법을 모색하기 때문이다. 유럽이 타자를 존중하며, 관대한 문화전통을 만들어가는 징후이다.[12]

노란색이 가톨릭, 붉은색이 루터파, 초록색이 칼뱅파, 보라색이 영국국교회를 표시한다. 프랑스의 칼뱅파는 루이 14세 때 왕국에는 "한 명의 왕과 하나의 종교"만이 있어야 한다는 논리로 추방된다.

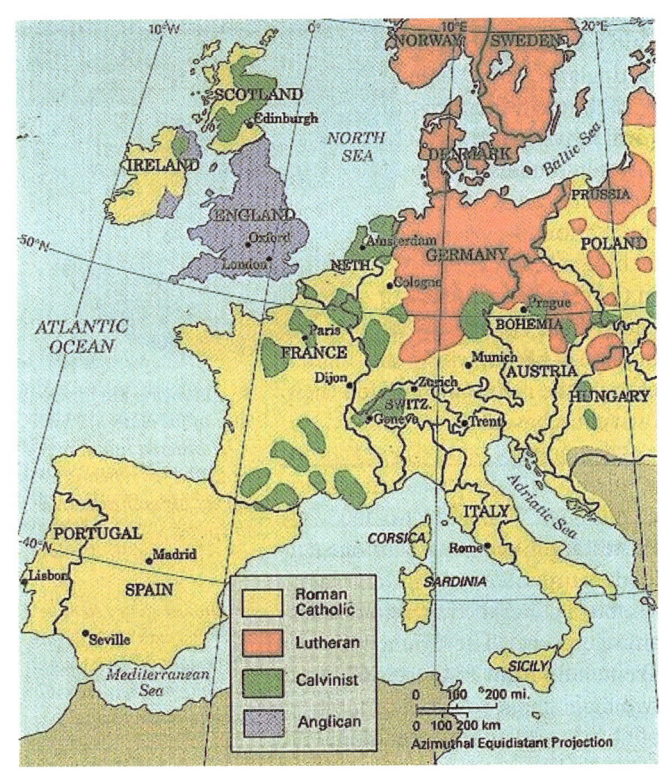

[12] 대표적인 비정부(NGO) 봉사기구인 적십자사는 이슬람 지역에서 공식 채택한 적신월뿐 아니라, 이스라엘에서의 적수정(Red Crystal)기 등 지역문화와 정서를 존중하는 추세로 다변화하고 있다.

3. 전근대

1) 르네상스: 성상에서 예술작품으로, 감상과 비판의 시작

15세기 이슬람을 믿는 오스만제국에 의해 동로마제국이 함락되었다. 동로마 사람들은 같은 기독교를 믿는 유럽지역, 그중에서도 가까운 이탈리아로 대거 망명하였다. 이들과 함께 유입된 고대 그리스, 로마 서적과 고대문화의 정신이 없었다면 중세 천 년간 억압되어온 지적 호기심을 자극해, 인간중심의 고대문화를 부활시키는 르네상스 운동도 없었을 것이다.

레오나르도 다빈치의 등장은 익명의 장인에서 천재 예술가 시대로의 전환을 의미했다. 익명의 장인은 신의 영광을 위해 제작자의 흔적이 남지 않는 성상을 만든다. 개인의 흔적을 남기는 일은 결함으로 간주되었다. 반면 천재 예술가는 자신만의 개성을 드러내 누구의 작품인지 알리며, 작품에 서명까지 남겼다.[13] 신에게서 인간에게로, 사후세계에서 현세, 익명성에서 개성으로 관심이 옮겨진 것이다. 중세 천년 간 사라졌던 고대문화와 충돌한 결과인 르네상스는 단지 원근법을 도입해 신이 내려다본 시선이 아닌 인간이

---

[13] 미켈란젤로의 조각상 〈피에타〉에는 성모 마리아의 어깨에서 반대편 허리까지 대각선을 긋는 가는 끈이 있다. 작가는 자신의 이름을 그곳에 새겨 넣어 타인의 작품이라고 오인될 소지를 없앴다.

바라본 공간을 재현한 것만이 아니었다. 르네상스는 인간과 세상을 이해하는 관행을 바꾼 사고의 전환이었다.

신성성이 깃들어 비판적 감상이 불가능했던 성상은 이제 아름다움에 따라 가격을 매기는 예술작품으로 기호를 바꾸었다.[14] 예술작품을 감상하고 비판하는 정신은 종교관행을 비판한 16세기 종교개혁, 교회에서 가르친 우주관을 거부한 17세기 과학 혁명, 최종적으로 신분제와 왕정을 비판한 18세기 계몽주의로 도미노처럼 이어진다. 한번 터진 비판정신의 봇물을 막을 건 아무것도 없었다. 18세기 말 프랑스 혁명에 이르면 비판대상에서 모든 성역이 사라지게 된다.

2) 종교 전쟁: 가톨릭 바로크와 개신교 바로크의 문화경쟁

중세 말인 14세기, 유럽을 휩쓸었던 흑사병으로 유럽인구의 1/3이 사망했을 때, 환자를 찾아가고 사람들을 모아 예배를 주관한 성직자의 사망률이 특히 높았다. 성직자의 충원이 시급해졌고, 지방의 작은 교구에는 더 이상 귀족출

---

[14] 레지스 드브레는 『이미지의 삶과 죽음』(시각과언어, 1994)에서 정치사나 경제사에서 단절로 보는 고대와 중세는 이미지의 역사에서는 연속이라고 주장한다. 올림포스의 다신교건 유일신 종교인 기독교이건 이미지 자체에 신성성이 깃든다고 믿은 공통점 때문이다. 반면 르네상스 시대부터는 이미지가 감상의 대상이라는 점에서 더 이상 신성성을 내포하지 않는다. 실패한 마술은 예술이 된다고 게 그의 요점이다.

신이 아닌 제3신분[15] 출신이 성직에 진출하였다. 루터와 칼뱅도 농민과 수공업자의 후손이었다. 16세기 종교개혁이 도시 부르주아에게서 시작됐다는 사실은 새로운 지식인에 의한 새로운 성서해석을 의미했다. 칼뱅은 인간의 구원이 이미 정해져있으며 성직자가 이를 바꿀 능력이 없음을 공표해 성직자의 부당한 특권을 비판했다. 개인이 직접 신에게 기도할 수 있다면 굳이 성직자에게 가서 고해할 필요도 없게 되었다. 성직자 특권의 폐지 또한 평신도 개인의 능력을 믿고 존중하는 태도의 발전, 종교관행의 민주화이며 너그러움의 진화다.

종교개혁 이후 유럽은 16세기에서 17세기에 걸쳐 가톨릭과 개신교 사이의 종교 전쟁을 치렀다. 유럽 역사상 최대의 내란Civil war인 종교 전쟁에서는 민간인이 대량으로 학살되었다. 가톨릭과 개신교의 분열이 남긴 결과는 무엇인가? 정치적으로는 둘로 나뉜 종교권력의 힘을 앞지른 강력한 세속권력, 즉 절대주의의 탄생이다. 문화적으로는 가톨릭과 개신교 지역에서 대립하며 경쟁적으로 발전한 가톨릭 바로크와 개신교 바로크의 문화공존이었다. 문화적 다양성은 관대함으로 이어진다.

---

15 1신분 기도하는 자인 성직자, 2신분 지키는 자인 전사귀족, 3신분 일하는 자인 농노로 이루어진 중세의 3신분제는 중세도시(부르그, bourg)의 출현 이후 도시거주민(부르주아, bourgeois)인 상인과 수공업자의 등장으로 흔들린다. 이들 새로운 제3신분 중 교육을 받아 성직에 진출한 사람 중에 루터와 칼뱅이 있었다.

백 년에 걸친 종교 전쟁에 지친 유럽인은 평화를 갈구하며 강력한 중앙집권적 통치체제인 절대주의를 받아들였다. 절대주의 문화는 고대의 조화와 황금비율을 존중한 르네상스 미술에 17세기 과학 혁명의 세계관을 더해 바로크 문화를 탄생시켰다. 태양주위를 도는 지구, 태양계 너머의 무한한 우주를 역동적인 바로크 미술과 건축에 담아냈다. 베르사유 궁에서 맞은편 지평선까지 무한히 뻗어나간 중심대로와 태양빛처럼 사방으로 뻗어나간 방사형 도로,[16] 기하학적 정원은 17세기 우주관을 지상에 구현했다.

바로크 문화는 이탈리아, 스페인, 프랑스, 벨기에 지역 등 가톨릭을 믿는 가톨릭 바로크와 개신교를 믿는 네덜란드, 독일, 스웨덴 지역의 개신교 바로크로 나뉜다. 가톨릭을 믿는 국가가 대부분 강력한 절대주의를 발달시켰기에 가톨릭 바로크는 절대주의 왕의 궁정에서 후원한다는 의미에서 궁정 바로크라고도 불린다. 반면 네덜란드 지역에서는 예술의 소비자가 도시 부르주아였기에 개신교 바로크는 시민 바로크로도 불린다. 종교화를 비교할 때는 가톨릭 바로크와 개신교 바로크라는 용어를 써야 양측의 종교관 차이가 명확해진다. 반면 왕의 초상과 일반인의 초상을 비교할 때는 궁정 바로크와 시민 바로크라는 용어를 사용

---

16 고대 로마의 바둑판 모양의 정방형 도로망과 달리 베르사유, 파리의 도로망은 거미줄 모양의 방사형이며 그 중심인 베르사유 궁의 왕의 침실이나 파리의 개선문광장은 태양을 상징한다.

하는 것이 두 신분집단 사이의 문화차이를 잘 인식하게 해준다.

먼저 가톨릭 바로크를 보자. 가톨릭 문화는 중세부터 이미지 중심이었다. 중세 초 교회는 글과 문명, 심지어 농경과 정착생활까지도 체질적으로 거부하는[17] 게르만 유목민족을 기독교로 개종시켜야했다. 문맹을 대상으로는 성서내용을 이미지로 전달해야 했다. 고딕 성당 외벽에 빼빼이 조각된 성인들이나, 스테인드글라스에 그려진 성서내용은 그 때문이었다. 르네상스 성당 내부의 돔 천장 아래 네 개의 모서리 벽면에는 4대 복음서의 성인이 그려진다. 이들은 각각 천사, 황소, 독수리, 날개가 달린 사자와 함께 있다. 순서대로 마태, 누가, 요한, 마가이다. 성서의 내용에서 비롯된 이 기호는 종교 이미지가 예술 이전에 의미를 전달하는 기호였음을 알려준다.

반면 개신교는 가톨릭이 사용한 이미지를 우상숭배라 비난하고, 가톨릭 성당을 점령하면 이미지를 제거했다. 벽화는 하얗게 덧칠한 회벽 아래로 사라지고 성상은 파괴되었다. 신은 보이는 곳이 아닌 보이지 않는 곳에 있으며, 성

---

[17] 농경을 위해 대지를 쟁기로 갈아엎는 행위를 게르만은 대지의 여신 가이아의 살을 찢는 잔악행위라 여겼다. 추수 때 곡식이 익어 머리를 숙이는 건 여신의 피와 살을 자양분으로 빨아들인 곡식이 죄의식에 슬피 우는 형상이었다. 유목시절 익숙했던 숲과 초원의 자연스런 바람소리와는 달리, 적막하던 밀밭에 갑자기 바람이 불어 곡식알이 부딪혀 서걱대는 소리 또한 이들의 공포심을 자극했다. 방앗간에 잦았던 화재 또한 여신의 복수라 여겨질 정도로 게르만의 농경민화 과정은 쉽지 않았다.

가톨릭 바로크 회화의 대표화가인 루벤스의 〈십자가에서 내리다〉(1612)는 붉은색과 푸른색, 흰색의 강렬한 대비를 이용해 역사적인 장면을 극적으로 표현했다.

렘브란트, 〈십자가의 그리스도〉(1651). 루벤스의 그림을 모사하며 성장한 렘브란트는 연약한 인간 예수의 몸을 표현했다. 시민 바로크 또는 개신교 바로크로 불리는 유파의 화가들은 차분한 갈색을 선호했다. 화려한 색을 포기하자 등장인물의 내면이 섬세하게 표현되었다.

서의 가르침은 이미지가 아닌 말씀으로 전달되어야 했다. 라틴어 성서는 세속어로 번역되었고, 때마침 인쇄술의 발달과 글을 읽는 도시 부르주아의 증가가 맞물려 성서는 널리 보급되었다.

　개신교 지역에서는 수태고지나 십자가의 예수와 같은 주제 대신 비종교적 주제가 선택되었다. 그 결과 새로운 장르인 정물화, 도시풍경화, 보통 사람의 초상화가 등장했다. 종교에서 해방된 예술이 비로소 주제와 표현에서 풍요로워졌다. 네덜란드는 그 중심이었고 렘브란트와 베르메르는 시민 바로크의 대표 화가였다.

좌_ 루이 15세의 초상화. 가톨릭 바로크는 왕이나 교황의 후원을 받는 예술로 궁정 바로크라고도 한다. 왕의 공식적인 모습을 장엄하게 묘사하는 것이 특징이다.

우_ 할스, 〈즐거운 토퍼〉(1627). 보통 사람의 일상을 차분한 색상으로 표현했다. 인물의 얼굴표정에서는 보는 이의 관점에 따라 즐겁게도, 슬프게도 보이는 내면이 느껴진다. 시민 바로크는 왕이나 교황의 후원제도에서 벗어난 화가들이 그린 그림이라 주제와 표현에서 새로운 실험이 가능했다.

위_ 니콜라 푸생, 〈성 제롬이 있는 풍경〉. 멀리 오벨리스크와 그리스 건축이 보이는 언덕에 성서를 라틴어로 번역한 성 제롬이 있다. 가톨릭 바로크의 신화적 장엄함이 극대화되어 있다.

아래_ 야콥 반 루이스달, 〈비지크 비즈 두르스테데 인근의 풍차〉. 풍차가 있는 일상의 풍경을 사실적으로 그렸다.

프롤로그 35

개신교가 종교 이미지를 비판할수록, 가톨릭교도인 루벤스는 차가운 광택이 감도는 붉은색, 흰색, 푸른색의 대비로 극적인 순간을 그렸다. 루벤스의 그림을 모사하며 성장했지만 개신교도였던 렘브란트는 차분한 갈색 위주로 십자가에서 내려지는 예수를 재해석했다. 루벤스는 신의 아들이 십자가에서 내려지는 대서사의 장면을, 렘브란트는 인간 예수의 연약한 내면을 보여줬다. 시민 바로크 화가들은 영웅보다 개인, 종교와 역사라는 거대담론보다 일상의 희로애락 같은 사소한 순간을 포착했다.

3) 관용의 도시, 암스테르담

네덜란드의 암스테르담은 비단 시민 바로크의 중심지로서뿐 아니라, 상업과 국제무역의 중심으로도 번영했다. 가톨릭 국가인 프랑스나 스페인에서 추방당한 개신교나 유대교도는 주로 상인과 수공업자였다. 이들은 자본과 기술력을 가지고 종교의 관용이 보장되는 네덜란드로 망명했다. 사상의 자유를 찾는 데카르트 같은 지식인도 이주에 동참했다. 이 도시의 경제적, 문화적 번영은 결국 스페인으로부터 독립한 저항정신과 시대를 앞선 관용정신의 산물이었다.

물론 관용정신이 모두에게 적용된 건 아니었다. 암스테르담이라 할지라도 아직은 17세기인 것이다. 도시당국은 극빈자에게 가혹했다. 극빈이 게으름의 결과라고 확신해,

나태한 정신 상태를 개조하고자 밤새 뜬눈으로 물을 퍼내야하는 감옥에 극빈자를 가두었다. 성장기의 허약함 때문에 지각해도 좋다는 교사들의 허락을 받았던 데카르트가 한때 찬양했던 이 도시를 떠난 이유도 게으름만은 참지 못하는 문화 때문이었으리라. 잠에서 깨어난 뒤에도 한참을 침대에 누워 그저 생각만 하는 철학자 데카르트, 그러한 습관에서 "나는 생각한다. 고로 존재한다."라는 근대적 실존의 정의가 나온다는 사실을 네델란드가 깨닫기까지는 시간이 필요했다.

시간이 지나면서 네델란드의 관용정신은 극빈자까지 끌어안는 사회복지 정책으로 발전했다. 그 성과를 보여주는 오늘날의 사례 하나는 성인남자의 평균 신장이다. 네델란드는 성인남자의 평균 신장이 184cm인 세계에서 가장 키가 큰 사람들의 나라가 되었다. 지중해지역 사람들보다 평균 신장이 큰 북유럽인 이라는 인종적 이유도 있겠으나, 그보다 결정적인 이유는 빈부격차가 적고 사회복지가 잘 돼있어 극빈자라 할지라도 성장기 영양공급이 충분하기 때문이다. 184는 극빈층을 수용한 너그러움의 역사를 상징하는 숫자다. 관용의 땅 네델란드를 탄생케 한 것은 바로 가톨릭과 개신교 종교 전쟁의 역사에서 비롯되었다. 유럽역사상 가장 유혈적인 내란으로 기록되는 백년에 걸친 종교 전쟁은 그 희생만큼이나 상호공존과 너그러움이라는 선물을 남겼다.

4. 근대

1) 프랑스 혁명: 정치평등과 인권발달

18세기 말 근대를 여는 거대한 변혁, 즉 정치와 경제 분야에서 발생한 이중의 혁명인 프랑스 혁명과 산업 혁명이 일어났다. 귀족에 도전한 부르주아, 함께 귀족에 대항했으나 혁명의 결실이 부르주아에게만 돌아가자 독자의 길을 간 노동자 사이의 중층적 갈등과 충돌이 전개된다.

프랑스 혁명은 정치를 독점해온 귀족의 특권을 무너뜨리고 성인남성이라면 신분과 교육받은 정도, 경제력에 상관없이 1인1표를 행사하는 남성보통선거권 universal manhood suffrage과 법 앞의 평등이라는 새로운 정치문화를 탄생시켰다.[18] 특권의 폐지는 국왕의 용병이 아닌 국민으로 충원되는 근대 군사제도에서 목숨을 건 군인에게 선거권을 약속한 보상시스템이었다. 동시에 사회구성원 개개인의 역량을 믿는 관대한 태도의 발현이었다.

'인권선언문'은 인간이 태어날 때부터 타인에게 양도할 수 없는 권리를 부여받는다는 천부인권사상을 공표했다. 이 문건은 탄생 초기에는 남성의 인권만을 언급한 것이었

---

[18] 물론 선거권의 시행은 혁명정부가 외국과의 전쟁에 돌입하면서 유보되었고 반 세기가 지난 19세기 중반에 가서야 영구 정착됐다.

기에[19] 여성과 외국인을 제외시켰고, 나폴레옹 전쟁 시기에는 프랑스만의 자부심과 민족주의를 강화시키는데 기여하였다. 하지만 여성참정권운동과 68혁명을 거치면서, 인권선언문의 적용대상은 확대되어 여성과 소수자, 인류 모두를 포함, 인권발달사에서 가장 중요한 문서가 되었다. 혁명과 특권의 폐지가 또 다른 특권집단을 만들어내는 것이 아니라, 모든 인류를 위한 것이라는 너그러움의 진화과정이었다.

2) 산업 혁명: 기술발달과 인간소외

산업자본주의 시대가 열리면서 국왕의 독점과 특혜를 받던 소수의 상업자본가 시대는 막을 내렸다. 특권의 폐지라는 긍정적 측면에도 불구하고, 이후 자유경쟁 시장논리에 따라 자본가는 무한경쟁을 했고, 자본주의적 대규모 토지경영과 공장의 등장은 토지와 노동에서 소외된 농촌과 도시의 빈민층을 대거 발생시켰다. 최대의 이윤을 추구하는 고용주는 아동과 여성의 노동을 싼값에 착취했다. 자본주의 사회에 대한 거센 비판과 충돌이었던 사회주의 노동운동의 결과 아동노동과 야간노동의 폐지, 노동조건의

---

[19] 인권선언문의 정식명칭은 '남성과 남성시민의 권리 선언문'이다. 이에 반발한 여성혁명가 올랭프 드 구즈는 이 문건의 '남성과 남성시민' 부분을 '여성과 여성시민'으로 바꿔 여성인권선언문을 발표했다.

개선, 사회복지정책이 달성되었다. 그럼에도 착취구조는 크게 변화하지 않았다. 오래된 특권의 폐지가 새로운 특권집단을 낳은 사례다.

기술발전 또한 두 얼굴을 갖는다. 전기는 밤에도 노천카페에서 여가를 즐길 수 있게 해준 고마운 발명인 동시에 야간노동을 강제케 한 기술이다. 기차와 전차의 발명은 먼 거리로 여행하게 해주었지만, 일터와 거주지 사이의 거리가 멀어도 출퇴근이 가능해졌기에 도시재개발 과정에서 노동자를 도시외곽으로 멀찌감치 추방하는 걸 도왔다. 방직기계를 시작으로 각종 기계의 발명은 수공업 작업장에서 전통기술을 자랑하던 숙련노동자를 몰락시켰다. 농촌에서 충원된 다수의 공장노동자들도 기계의 부품처럼 반복되는 단순노동을 수행할 뿐이었다. 수확물에서 기쁨을 느끼는 농민, 완성된 제품에서 자부심을 느끼는 숙련노동자는 옛말이 되었다. 노동문화에서 가장 큰 변화, 즉 인간이 노동으로부터 소외된 것이다.

3) 세계대전: 전투기와 3차원 전쟁[20]

인간소외 현상이 정점에 달한 물리적, 문화적 충돌은 전쟁이었다. 강철의 발명은 철근 지지대를 사용한 고층빌

---

20 3차원 전쟁에 대해서는 스티븐 컨, 『시간과 공간의 문화사, 1880~1918』(휴머니스트, 2004)참조.

딩과 강을 건너는 철제 다리를 건설하게 했지만, 동시에 무기 산업을 자극해 20세기를 전쟁의 세기로 만들었다. 단기전으로 예상했던 1차 대전은 예상을 깨고 4년에 걸친 장기전이 되었다. 여름에 집을 떠나면서 전쟁을 끝내고 돌아와 가을 추수를 같이 하자던 농가의 아버지와 아들은 수년간 혹은 영원히 돌아오지 못했다. 1차 대전이 끝나고 20년이 지난 후 또다시 촉발된 2차 대전은 그간 개발된 신무기의 실험장이었다. 계몽주의가 외친 인간의 존엄성은 온데간데없고 인간생명은 실험실의 쥐처럼 경시되었다.

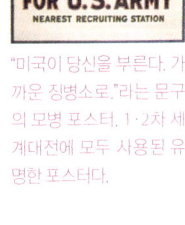

"미국이 당신을 부른다. 가까운 징병소로."라는 문구의 모병 포스터. 1·2차 세계대전에 모두 사용된 유명한 포스터다.

1차 대전 때 독일의 런던공습은 파괴력이 미미해서 오히려 공중 폭격기를 구경나온 사람들에게 찬탄의 대상이 되었다. 비행기에서 내려다본 지상은 신의 눈으로 본 새로운 세상이었다. 비행기의 속도는 자동차나 기차와는 비교도 안 되는 새로운 것이었다. 푸른 하늘을 나는 비행기를 배경으로 비행사의 모습이 담긴 모병 포스터는 젊은이의 피를 끓게 했다.

비행기는 영원한 진보와 자유 같은 미래지향적 가치를 상징했지만 현실은 가혹했다. 2차 대전 당시 폭격기는 가공할 무기로 발전, 세계 도처를 누비며 문명을 파괴했다. 독일 도시의 70%가 파괴된 마지막 해에 영국의 처칠 수상은 인구가 많은 대도시를 집중 폭격하라는 명령을 내렸

1차 대전 프랑스군 모집 포스터. 하늘을 나는 비행기는 신기술과 자유로움의 상징으로 젊은이의 피를 끓게 했다.

비행선과 비행기를 배경으로 한 미국의 조종사 모집 포스터. 젊은 군인들의 환한 미소가 전쟁의 비극을 감춘다.

다.[21] 민간인은 물론 어린이도 미래의 독일군이라는 논리에서다. 장기화된 전쟁으로 어느 나라나 인명손실이 막대했고 이를 보충하기 위해 어린 십 대들이 동원되었다. 훈련기간도 충분치 않았던 아이들은 교전 중에 속수무책으로 목숨을 잃었다.[22]

어디서 날아올지 모르는 폭격기는 전선과 후방, 병사와 민간인의 경계를 허물었다. 전통적인 지상의 2차원 전쟁이 공중으로 확대된 3차원 전쟁으로 급변했다. 화려한 군복에 백마를 타고 언덕 위에 모습을 드러냈던 영웅적인 지휘관들의 시대, 그 존재와 위치를 알려 적에게 퇴각할 최후의 선택권을 주었던 앞선 시대의 인도주의적 관행은 사라졌다. 이제 덤불과 나뭇잎으로 위장한 보이지 않는 적이 어둠을 틈타 기습공격을 했다. 입체파, 청기사파[23] 등 시대를 앞서 구상을 포기하고 추상으로 이행한 화가들이 위장술을 발전시키는 데 동원됐다. 감청색 상의와 붉은색 하의를 착

---

21 2차 대전 당시에도 폭격기는 원하는 지점에 정확히 포탄을 투하할 정도의 기술수준에 도달하지 못했다. 군수공장이나 군대이동로를 폭격하려는 의도가 자꾸 빗나가 민간인을 대량 살상하는 실수가 반복되었다. 신념과 반대되는 행동을 하게 된 인간이 행동을 수정하기보다는 신념을 바꾸는 게 쉽다는 인지부조화이론(theory of cognitive dissonance)의 흥미로운 사례가 처칠이다. 그는 실수를 인정하고 행동을 수정하기보다, 신념을 바꿔 민간인 학살을 정당화했다.

22 18세기 '아동의 탄생,' 즉 많이 먹고 일은 못하는 작은 어른으로 아이를 보던 과거에서 벗어나 사랑과 보호의 대상으로 보기 시작한 18세기 이래, 어린이를 다시 작은 어른으로 바라본 예외적 시기가 전쟁이었다.

23 칸딘스키, 클레 등이 참여한 미술과 문학, 음악의 경계를 허무는 예술운동을 추구한 유파로 프란츠 마르크가 1차 대전에 참전해 사망함으로써 해체되었다.

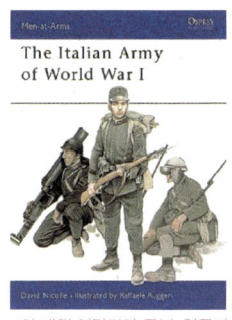

1차 대전 이탈리아 군복. 영국과 러시아, 독일은 모두 눈에 띄지 않는 보호색으로 군복을 바꿨다.

프랑스 군복. 멀리서도 눈에 확 띄는 감청색과 붉은색의 군복으로 1차 대전 초 많은 사상자를 낸 후에야 군복을 교체했다. 군은 민간인에게 명예롭고 유쾌해 보이길 바랐던 프랑스적 전통은 위장전이라는 신개념 앞에 시대착오였다.

용한 프랑스 군인은 1차 대전 초에 전장의 움직이는 표적이었다. 전선의 지휘관들이 급히 군복의 교체를 요청했지만 거절되었다. 군은 민간인에게 명예롭고 유쾌해 보여야 한다는 대통령과 참모들의 뛰어난 감수성과 전통수호 정신에 서였다. 위장전이라는 신개념 앞에 이는 끔찍한 시대착오로 판명됐고 프랑스군은 뒤늦게 위장복으로 교체했다.

폭격직후의 조각난 시체와 건물의 잔해더미는 인간소외의 극단을 보여줬다. 살아서 귀환한 병사들도 정신질환에 시달렸다.[24] 민족주의와 인종 차별주의, 제국주의와 경

---

[24] 흥미로운 점은 퇴역군인들의 정신질환 발생률이 전투로 인한 부대별 사망률과 일치하지 않았다는 점이다. 실제로 사망률이 제일 높은 전투기 비행사보다 사망률이 낮은 정찰비행기구 운전병의 정신질환이 훨씬 더 심각했다. 이는 사망률이라는 계량적 수치의 문제가 아니라 인간이 느끼는 감성, 즉 속도가 느리고 적에게 노출되는 비행기구에 대한 인식이 더 큰 정신적 고통을 주었다는 의미이다.

〈게르니카〉(1937). 1937년 스페인 북부의 작은 마을 게르니카에서 독일 나치의 폭격에 의해 2천여 명의 민간인이 학살당했다. 나치는 스페인내전에서 파시스트인 프랑코를 지원하는 동시에 2차 대전을 앞두고 신무기의 성능을 실험하였다. 1차 대전 이전에 등장한 해체와 재구성이라는 입체파 회화의 관념은 현실에서 폭격을 당해 산산조각 난 인체와 건물 잔해더미로 현실이 되었다.

제대공황 등 전쟁의 원인을 다각도로 조명하고, 또 몇 년에 걸쳐 어느 정도의 인명과 경제손실이 있었는지를 치밀한 수치로 계산하는데 연구가 집중돼왔다. 역사의 구조를 파악한 중요한 성과지만, 삶의 주체로서의 인간이 소외된 접근방식이기도하다. 역사는 인간을 이해하기 위해 인간의 조건을 연구하는 학문이다. 전쟁이 한 병사의 삶에서 무엇이었는지를 들여다보는 미시사적 접근도 필요하다. 미야자키 하야오, 《붉은 돼지》는 이에 영감을 주는 애니메이션이다. 동료가 모두 죽고 혼자 살아남은 주인공 비행사는 죄의식 때문에 돼지의 형상으로 변했다. 무정부주의자가 된 이 퇴역군인은 외딴 섬에서 비행곡예를 즐기며 민족주의의 충돌이었던 1차 대전의 상처를 안고 살아간다.

전쟁은 또한 나치문화와 반문화가 충돌한 장이었다. 때론 결코 승산이 없어 보이는 반문화, 그 작은 균열이 억압적 국면을 돌파한다. 전쟁과 유대인학살에 국민을 동원하고 국민의 일상과 문화마저 장악한 것처럼 보였던 나치체제에서 저항은 의외의 곳에서 발생했다. 일례로 스윙클럽은 체제에 도전한다는 의식이 있었던 것도, 그렇다고 조직화된 운동도 아닌, 그저 재즈와 스윙음악을 즐기는 모임이었다.[25] 하지만 그들이 즐긴 음악은 교전국인 미국, 그중에서도 흑인의 음악이었기에 나치의 인종 차별정책에 정면으로 배치됐다.[26] 재즈는 기승전결의 합법칙적 곡 전개를 무시한, 결코 어떠한 결론에도 도달하지 않는 음악이다. 아리안족의 전설을 소재로 한 바그너 오페라의 장중함, 군대행진곡의 질서와 절도가 생명인 나치문화에서 재즈만큼 힘을 빼는 반문화 도발도 없다. 같은 이유로 연합군 사이에서도 재즈는 금지됐고, 반전문화의 주축이 되었다. 역사는 너그러움이 극도로 억압되는 상황에서 저항과

미야자키 하야오, 《붉은 돼지》. 1차 대전에 참전해 동료를 모두 잃고 홀로 살아남은 이탈리아 비행사가 무정부주의자이자 하늘의 해적이 된 이야기다. 슬픔과 죄의식 때문에 그는 돼지의 모습으로 변했다.

---

25 스윙클럽에 대해서는 주경철, 『문화로 읽는 세계사』(사계절, 2005), pp.345~354 참조.
26 위의 책, p.351.

일탈의 힘을 준다. 2차 대전 중 그 힘은 미국 백인의 억압 속에서도 살아남은 아프리카 노예의 저항성이 담긴 문화와 조우함으로써 비롯되었다. 문화충돌은 새로운 저항의 출발점이다.

5. 포스트모던 시대[27]: 68혁명과 일상의 문화 바꾸기

68혁명 포스터. "선거로는 아무것도 바꾸지 못한다. 투쟁은 계속된다." 정치를 불신하는 혁명세대의 뜻이 담겨있다.

1968년 5월의 파리, 대학생들이 권위와 억압에 도전해 반전[28]과 평화, 성 해방을 외치며 혁명을 일으켰다. 베이징, 프라하, 버클리 등, 전 세계에 물결친 68혁명은 역사상 최초의 세계 혁명[29]이자 문화 혁명이었다. 68혁명은 1969년 8월, 미국 뉴욕 주 북부의 한 농장에서 금세기 최대의 저항문화 축제인 우드스탁 페스티벌로 이어졌다. 미국 젊은이

---

27 포스트모던(post-modern) 시대는 탈근대 또는 후기 근대로 번역할 수 있다. 하지만 탈근대라 할 때 근대와의 연속성이 무시되고, 반대로 후기 근대라고 하면 근대와의 차별성이 무시된다. 근대에 반기를 든 새로운 시대이나 저변을 흐르는 연속성 또한 무시할 수 없기에 역사학계에서는 '후기'와 '탈'의 두 의미가 함축된 포스트모던을 음역 그대로 사용한다.

28 직접적으로는 베트남 전쟁에 대한 반대이며, 넓은 범위로는 냉전과 억압적 전쟁문화에 대한 반대운동이었다.

29 월러스틴은 1848년 혁명과 1968년 혁명을 역사상 단 두 개의 세계혁명이라 주장했다. 하지만 1848년 혁명은 이전 혁명인 1789년 프랑스 혁명에 비해 한 나라에 국한된 게 아니라 유럽으로 번졌다는 의미이지, 다른 문명권에 영향을 미치지는 않았다.

들은 68혁명의 기치에 록의 폭발적인 음악을 결합시켰다. 우드스탁 페스티벌에 대거 몰려든 TV매체와 다큐 영화 기록자들은 젊은 세대의 주장을 앞다투어 사회에 전달했다. 파리에서는 혁명 포스터와 벽보가, 우드스탁에서는 전파를 탄 록의 이미지가 "[혁명]언어의 투명한 흐름을"[30] 시각적으로 인식 가능하고 소비 가능한 이미지로 변형시켰다.

68혁명 시위대. "상상력에게 권력을"이라는 68의 구호에 집약됐듯이 68은 제도보다 일상의 문화를 바꾸려는 혁명이었다.

68혁명은 정치적 급진파의 외침이 아니라, 계급을 초월해 한 세대가 기성세대에 선전포고를 한 세대 간 문화충돌이었다. 노동자가 더 이상 혁명세력이 아닌 이익집단으로 변모했다면, 포스트모던 시대의 새로운 사회 도전 세력은 이제 대학생이었다. 이들은 농민보다 수가 많은 사회집단이 되었으며,[31] 제3차 산업 혁명, 즉 지식정보 혁명시대에

---

[30] 프레드릭 제임슨의 추리소설 분석, 즉 "언어의 투명한 흐름이 [중략] 소비할 수 있는 물질적 이미지"로 변형된다는 표현에서 따왔다. 『보이는 것의 날인』 (한나래, 2003), p.33.

[31] 미국에서 1960년대 초만 해도 농민을 겨우 상회하던 대학생의 수는 10년도 채 안돼서 농민의 세배로 급증했다.

고등교육을 받았음에도 미래가 불투명한 이 체제의 약한 고리였다.

기성세대는 의아해했다. 프랑스 혁명처럼 정치제도를 바꾸거나, 러시아 혁명처럼 경제제도를 바꾸겠다는 것도 아니고, 단지 기성세대의 문화를 공격하기 위한 혁명이라는 관념이 모호하고 어리석어 보였기 때문이다. 학생들은 서구 자본주의 체제뿐 아니라 옛 소련의 국가사회주의 체제도 비난했다. 사회주의조차 국가권력으로 변모하여 인간을 억압한다면 이제는 제도가 아니라, 제도를 운용하는 인간과 문화가 희망이라는 것이 이들의 주장이었다. 여성, 소수민족, 제3세계와 자연생태가 소외된 현실을 비난한 이들은 레닌이 아닌 체 게바라의 사진으로 대학 기숙사의 벽을 도배했다.

68혁명은 전통적인 혁명사의 시각에서 볼 때는 실패한 혁명이다. 프랑스에서 대학생과 노동자의 연합전선은 노동자가 정부의 임금인상안을 받아들이고 혁명대열에서 이탈함으로써 붕괴되었다. 프랑스 혁명의 공포정치시기 같은 혼란이 재현될 것을 두려워한 정치우파는 드골 대통령을 지지하는 대대적인 시위를 벌여 젊은 세대에게 보수 세력이 건재함을 알렸다. 60년대 미국 서부로 몰려간 히피들의 평화로운 공동체운동은 초기에 몰랐던 약물중독의 문제점이 본격화되면서 종말을 고했고, 저항의 아이콘인 조운 바에즈[32]와 지미 헨드릭스[33]가 참여한 우드스탁 페스티벌은 대중매체에 의해 상업적으로 이용되면서 급격히 힘을 잃었다. 시위도 6시 뉴스시간에 맞춰 벌이며 TV매체를 이용해 자신들의 목소리를 전 세계에 전달한 젊은 세대의 전략은 시대의 흐름을 읽어낸 것이었다. 그러나 모순되게도 전략적 성공 때문에 방송관계자를 대거 끌어들였고, 상업적으로 소비되는 길을 피할 수 없었다. '소비'의 뛰어난 기능은 강렬한 이미지의 내면화지만, 부정적 기능은 쉽게 사라져버리는 점이다. 혁명문화 또한 포스트모던 시대의 소비사회 특성으로부터 자유로울 수 없었다.

우드스탁 페스티벌에서 연주하는 저항음악의 상징, 지미 헨드릭스

반복과 복제의 기능 덕에 68혁명은 여전히 계속되는 현재진행형의 문화혁명이다. 60년대 세계전역에서 일어난 문화 혁명은 그때까지 연합해 본 적이 없던 다양한 집단이 처음으로 연대한 사건이었다. 사회주변인이나 소수민족만이 아니라, 젊은 세대 전체가 인종과 부모의 계급, 교육 정도를 떠나 연합했다. 이들 사이의 열정과 유대감은 선례가

---

32 반전과 인권운동을 삶과 노래가사에 담은 여성 포크음악가.
33 록의 전설이자 천재 기타리스트인 아프리카계 미국인. 공연 후 런던의 한 호텔에서 약물과다 합병증으로 27세의 나이에 질식사했다.

없던 폭발적 에너지로 분출되었다.

1970년대와 80년대가 되자 68혁명의 정신은 동유럽으로 퍼져나갔다. 체코슬로바키아에서 록 밴드인 '플라스틱 피플 오브 더 유니버스Plastic People of the Universe'가 체포됐을 때, 반체제 예술가와 지식인은 '헌장77'운동[34]을 전개했다. 이는 공산주의 정권을 무너뜨리는 직접적인 도화선이 되었다. 1986년 레닌그라드 록 콘서트도 80년대 말 소련과 동구권 공산주의 몰락의 기폭제 역할을 했다. 중요한 건 소수의 일탈이나 저항이 아니라, 그 안에 담긴 새로운 음악적 태도와 관념이다. 그 생각이 주변의 동의와 지지를 획득해 저항문화로 발전할 때, 극단으로 치달은 역사는 균형감각을 되찾는다.

두 차례의 세계대전과 나치즘, 유대인학살, 냉전시대의 희생을 치른 현대인은 같은 일이 일어나지 않도록 경계해야 한다는 믿음을 공유한다. 물론 경기불황 때마다 등장하는 극우와 인종주의 경향을 무시할 수는 없다. 하지만 이들이 소수라는 사실은 다수가 중심을 잃지 않음을 반증한다.[35]

---

[34] Charter77. 1977년 1월 1일에 발표된 헌장이다. 이 헌장은 UN헌장과 헬싱키 선언, 또 체코슬로바키아 헌법이 보장하는 인권을 준수하라는 요구를 담았고 242명의 반체제 지식인이 서명했다.

[35] 2011년 여름은 노르웨이 연쇄테러사건과 영국 버밍햄 폭동으로 얼룩졌다. 사건발생 직후의 충격과 우려는 컸지만, 시간이 지나면서 가해자의 성장과정에서 있었던 정신적 문제를 이해하려 노력하고, 피해자를 포함한 다수의 사람들이 보복이 아닌 용서와 화해를 이야기한다. 우리는 너그러움이 진화하는 길

서구[36]라는 하나의 중심이 아닌 제3세계와 자국 내 소수자를 포함, 여러 중심을 인정하는 포스트모던 시대는 역사의 물리적, 문화적 충돌을 수없이 경험한 인류가 내놓은 존재방식이다. 이질적인 것을 수용하건, 거부하건 간에 문화충돌은 결코 낯선 것을 대면하기 이전의 시점으로 시간을 돌려놓을 수 없다. 사람과 사람, 문화와 문화의 충돌은 반드시 흔적을 남긴다. 모든 만남이 너그러움을 발전시키는 방향으로만 작동될 수는 없지만, 가장 절망적인 시점은 뼈아픈 반성과 좀 더 나은 미래를 꿈꾸는 기회였다.

위에 서 있는 것이다.

36 서구는 좁은 의미로는 프랑스와 영국 중심의 서유럽을 뜻하지만, 넓은 의미로는 그 문화가 이식된 북미대륙을 포함하는 뜻으로 사용된다.

제1부

프랑스 혁명과 나폴레옹 전쟁 시기의 문화충돌

궁정귀족과 부르주아의 성 문화 충돌

1. 시작하며

인쇄술의 발달과 문자 해독률의 증가로 1789년 혁명 전야의 프랑스에는 책을 구매하는 소비자층이 증가했다. 그 결과 일부 작가들은 귀족의 후원을 벗어나 책 판매에서 발생하는 인세로 생계를 유지하게 되었다.[1] 이들은 후원자의 취향에 맞춰 글을 쓰던 관행에서 탈피하여 작가가 원하는 주제를 다루었다. 피에르 쇼데르로 드 라클로[2]의 소설 『위

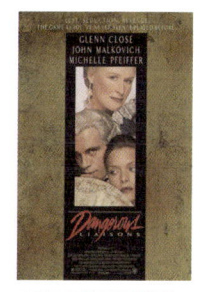

스티븐 프리어즈 감독의 영화 《위험한 관계》

---

[1] 16세기만 해도 작가들은 궁정에서 문학을 하는 잡일꾼이었으나, 17세기부터는 살롱의 귀빈이 되었다. 하이덴-린쉬, 『유럽의 살롱들: 지금은 몰락한 여성 문화의 황금기』(민음사, 1999), p.42; 크리스티앙 비에 편, 『오이디푸스』(이룸, 2003), pp.45~46. 인세로 생계를 유지한 최초의 작가는 볼테르와 루소였다. 그들은 팬 클럽을 거느렸고, 팬레터의 일부를 출판하기도 하였다. Kishlansky, *Civilization in the West*(Harper Collins, 1995), pp.586~595.

[2] Pierre Choderlos de Laclos(1741~1803). 하급귀족 출신으로 왕족인 오를레앙 공의 비서를 지냈고, 혁명기에는 공화주의 자코뱅 당원, 제정시대에는 나폴레옹 황제의 지휘관 등 다양한 정치적 삶을 살았다.

험한 관계(Les liaisons dangereuses)』는 이러한 시대에 출간되었다. 이 소설은 여러 종류의 해적판본이 유통될 만큼 성공을 거두었으며, 200년 넘게 지난 오늘날까지 영화로, 또 역사학의 보조 자료로 재조명되고 있다.³

『위험한 관계』는 두 주인공의 몰락으로 구체제(앙시엥 레짐, Ancien Régime) 귀족문화의 쇠락을 암시했다. 발몽은 결투로 죽고, 메르퇴이 부인은 사교계에서 추방된 뒤로 가난에 시달리다 천연두로 얼굴이 일그러진다. 그녀의 비참한 말로는 다음 세기인 19세기 문학과 회화에서 부단히 묘사될 팜므 파탈(Femme fatale)에 대한 부르주아 사회의 경고를 예시한다.

『위험한 관계』가 발표된 지 7년 후 프랑스 혁명이 발발하였다. 혁명의 주역인 부르주아지는 귀족문화를 '위험한 관계'로 얽힌 문란한 것이라고 비난하는 한편, 부르주아 가정은 근엄한 남편과 정숙한 아내라는 이미지로 무장시켰다.⁴ 그러나 오늘날 당연하게 여겨지는 서구 부르주아의 가

---

3 Anne Deneys, "The Political Economy of the *Liaisons dangereuses* of Choderlos de Laclos," in Lynn Hunt ed., *Eroticism and the Body Politic*(Baltimore: The Johns Hopkins University Press, 1992), pp.41~62는 귀족의 경제관념이자 윤리이기도 한 '방탕(libertinism)'의 의미를 분석한다.
영화로는 1959년 로제 바딤 감독의 동명영화, 1988년 스티븐 프리어즈 감독, 존 말코비치, 미셸 파이퍼, 글렌 클로즈 주연의 동명영화, 1989년 밀로스 포만 감독의 《발몽(*Valmon*)》, 1990년대 뉴욕 상류층 10대로 등장인물을 바꾼 《사랑보다 아름다운 유혹(*Cruel Intentions*)》(1999), 18세기 조선으로 공간을 옮긴 이재용 감독의 《스캔들, 조선남녀상열지사》(2003)가 있다.

4 유토피아 사회주의자인 생-시몽(Saint-Simon)도 구체제문화를 비판했다. *Lettres d'un habitant de Genève à ses contemporains*(1802~1803)에서 그는 "생산자, 과학자, 예술가," 즉 근대의 주역이 될 부르주아들을 "왕족이나 귀족, 즉 '게

족상이 역사상 유일한 전통이 아님을 기억할 필요가 있다. 전통이나 진리가 때론 특정집단의 정치적 의도에 따라 비교적 최근에 만들어진 측면을 무시할 수 없기 때문이다.[5]

역사가 젤딘Theodore Zeldin은 절대주의 시대를 새롭게 평가한다. 남성과 여성이 역사상 서로를 가장 깊게 이해한 시기였다는 것이다.[6] 절대주의 귀족문화에 대한 양극단의 평가는 아직 논쟁의 여지가 남아 있음을 반증한다. 따라서 다음 장에서는 절대주의 성 문화를 '사랑의 기술'이라는 관점에서 재조명해볼 것이다. 3장에서는 귀족문화와 부르주아 문화가 전면적으로 충돌했던 프랑스 혁명과 산업 혁명의 결과 여성이 공적영역public sphere으로부터 소외되는 과정을 볼 것이다. 4장에서는 부르주아의 승리로 19세기의 사랑이 공격적으로 변모하는 과정을, 마지막으로 5장에서는 서구

으른 자들'과는 달리 인습적인 권위와 전통에 맞서고 사회발전을 앞당기는 사람"이라고 규정하였다. "Les classes sociales" in Pierre Ansart, *Sociologie de Saint-Simon*(Paris: Presses Universitaires de France, 1970), pp.117~126.

5 일례로 스코틀랜드 전통의상인 킬트(kilt)는 원래 바지를 만들기에는 천이 모자라 짧은 치마모양의 하의를 입을 수밖에 없었던 하층민의 의상이었으나, 근대 민족주의 발달과정에서 잉글랜드에 대항하는 애국심을 자극하기 위해 '발명된' 전통이다. Hugh Trevor-Roper, "The Invention of Tradition: The Highland Tradition of Scotland," Eric Hobsbawm and Terence Ranger eds., *The Invention of Tradition*(Cambridge: Cambridge University Press, 1992), pp.15~41.

6 젤딘, 『인간의 내밀한 역사』, pp.55~58. 젤딘은 영국 저널인 『인디펜던트 (*Independent on Sunday*)』지에 의해 "21세기의 미래학자 40인"에 뽑힌 역사가이다. 대표 저서는 Zeldin, *France 1848-1945(vol. I): Ambition, Love and Politics*(Oxford: Oxford University Press, 1973); *France 1848-1945(vol. II): Intellect, Taste and Anxiety*(1977). 젤딘 이전에는 푹스(Eduard Fuchs)가 20세기 초에 출판한 『풍속의 역사』(까치, 2001)에서 유사한 견해를 피력한 바 있다.

부르주아와는 다른 계급적, 인종적, 성적 주변인들의 사례를 살펴보고자 한다. 성과 가족을 둘러싼 문화의 변천사를 알아보는 것은 인간이 행복을 추구하는 방식에 변화가 필요함을 이해하는 과정이다.

2. 절대주의: 사랑의 기술

절대주의 시기인 17~18세기의 베르사유 궁은 유럽 귀족사회가 본받아야 할 '매너의 학교'였다. 궁정문화에서는 세련된 매너가 중요한 덕목이었고, 이를 갖춘 귀족에게 부와 명예가 보장되었다.[7] 농노해방과 농민의 도시이주로 수입이 줄어드는 지방영지를 떠나 베르사유에 모인 귀족들은 과밀한 사교계 특유의 경쟁과 긴장감에 노출되었다. 이들은 남녀를 불문하고 배우자 외에 애인을 두어 연애기교를 발전시켰다. 배우자의 애인에 대해 지나친 질투를 하지 않는 것 또한 미덕이었다. 질투는 궁정귀족들 사이에 복잡하게 얽힌 관계망을 무너뜨릴 수 있는 위험한 감성이자, 시골귀족의 전유물로 분류되었다.[8] 따라서 궁정귀족들은 상대에 대한 이해와 배려, 세련된 기교를 갈고닦아야 했으며,

---

7 관련문헌으로는 노르베르트 엘리아스, 『매너의 역사』(신서원, 1995); 『궁정사회』(한길사, 2003).

8 푹스, 『풍속의 역사 I: 풍속과 사회』, p.210.

보복 또한 노골적이지 않은 미묘한 수위에서 정교하게 행해야 했다.

귀부인들이 운영했던 살롱도 중요한 문화와 사교의 장이었다.[9] 랑부이에 부인이 1610년 파리에 유럽 최초의 문학 살롱을 열면서 시작된 살롱시대는[10] 인류 역사상 대화의 발달이라는 점에서 고대 아테네의 소크라테스 시대 이후 두 번째 전성기로 평가된다.[11] 참가인원이 소규모였기에 살롱은 누군가의 일방적인 연설이 아니라, 대화를 나누며 사상을 발전시키는 기회를 제공하였다. 살롱에 초대받는 사람들은 혈통이나 지위가 아니라, 학식과 대화기술로 선택되었다.

궁정이 절대군주를 정점으로 충성과 복종의 위계질서가 지배하는 공간이었던 반면, 살롱은 귀족과 평민이라는

---

[9] Steven Kale, *French Salons: High Society and Political Sociability from the Old Regime to the Revolution of 1848*(Baltimore: Johns Hopkins University Press, 2004), 살롱문화를 직접 주도했던 동시대인의 기록으로는 Laure Junot Abrantès, *Histoire des salons de Paris*, 6 vols(Paris: Ladvocat, 1837~1838). 그 외 프랑스 로코코 살롱을 다룬 Lewis A. Coser, *Men of Ideas: A Sociologist's View*(New York: The Free Press, 1970).

[10] Madame de Rambouillet. 본명은 카트린 드 비본으로 1588년 피사에서 태어나 파리로 이주했다. 살롱 등장 이전에는 르네상스 시대 이탈리아에서 '문인 공화국(Republica Litteraria)'으로 알려진 여러 종류의 학술원과 사교의 장이 등장하였고, 프랑스도 이에 영향을 받아 'République des Lettres'가 탄생, 살롱의 전신 역할을 하였다. Kale, *French Salons*, pp.17~28; 하이덴-린쉬, 『유럽의 살롱들』, pp.11~12.

[11] 소크라테스는 말다툼이나 일방적 연설을 대화로 바꾼 최초의 인물로 평가된다. 젤딘, 『인간의 내밀한 역사』, pp.52~59.

루소와 몽테스키외가 참석한 조프랭 부인의 살롱(1755년)

신분의 경계가 그다지 중요하지 않은 공간이었다.[12] 살롱은 계몽주의 사상을 보급시킨 요람이기도 했다. 살롱 여주인은 계몽사상이나 자연과학 등 주제[13]를 선택하는 것 외에도, 과격해진 토론을 완화시키고 정신적인 사랑을 중재했다. 살롱 여주인salonnière에 의해 참가자가 결정되고 토론이 주도된 살롱은 '귀족여성의 정치화'와 '귀족정치의 여성화'를 이끌었다.

살롱과 궁정문화를 중심으로 귀족들은 다양한 형태의 호감을 개발하고 미묘한 거리를 유지함으로써 열정을 오래 유지하는 기교를 발전시켰다. 자유롭게 사랑을 시작한 것처럼, 언제라도 명예롭게 퇴각할 수 있도록 노력했다. 유력 가문 사이의 정략적인 결혼과는 달리, 당사자 간에 자발적으로 맺는 관계라서 시간과 정성을 기울였다. 프랑스어로 '사랑을 하다faire l'amour'는 오늘날에 사용되는 의미인 '성관계를 갖다'가 아니라 상대의 호감을 얻다, 즉 '구애를

---

12 하이덴-린쉬, 『유럽의 살롱들』, pp.17~18.
13 한편 프랑스보다 늦게 출현한 독일의 살롱에서는 19세기 초 나폴레옹 전쟁을 겪으면서 프랑스에 대한 거부감이 생겼다. 그 결과 프랑스식의 합리주의 전통에 대립하는 독일식 낭만주의 문학이 주요 토론주제가 되었다. 위의 책, pp.14~15.

하다faire la cour'는 의미였다.¹⁴ 사랑과 욕망이 상대를 소유하기보다는 격려하는 방향으로 에너지를 쏟았음을 증명하는 흔적이다.

절대주의 귀족문화의 기준에서 본다면, 《위험한 관계》의 투르벨 부인은 도덕으로 무장된 탓에 타인을 배려하기는커녕 자기 내면의 감정조차 모르는 인물이다. 그녀에게는 발몽의 전략적인 말과 마음에서 우러나오는 진실한 말을 구분할 만한 통찰력이 없다.¹⁵ 19세기 부르주아 사회에서는 최고의 덕목으로 찬양될 그녀의 정숙함은, 18세기 귀족사회에서는 도리어 불행을 자초한 미숙함이었다. 반대로 타인을 주의 깊게 관찰하고 개개인에게 맞는 방식으로 내재된 욕망을 대면하게 도와주는 인물은 메르퇴이 부인과 발몽이다. 푸코Michel Foucault의 표현을 빌면 '성적 계몽주의자'인 것이다.¹⁶ 그러나 이들은 다가올 프랑스 혁명과 19세기 부르주아 시대에 역사의 무대 뒤로 사라질 운명이었다.¹⁷

---

14 장 루이 플랑드랭, 『성의 역사』(동문선, 1998), p.111.
15 타인에 대한 이해부족으로 인한 불행은 시대를 내려와 19세기 후반 톨스토이의 『안나 카레니나 Anna Karenina』에서 재현된다. 복합적인 성격인 안나와 그녀를 이해하기에는 지나치게 단순한 브론스키. 톨스토이는 드 라클로와 달리 자신의 주인공들의 비극이 그들의 성격에서 초래되는 것임을 여러 차례 암시한다. 브론스키가 사실 골치 아픈 문제를 생각하기도, 심각한 학문을 토론하기도 싫어하며, 단지 옷 잘 입고 세련된 매너와 매력적인 미소를 갖춘 피상적인 남자일 뿐이라는 것이다.
16 디터 벨러스호프(Dieter Wellershoff), 『문학 속의 에로스』(을유문화사, 2002), p.44.
17 실제로 살롱 또한 프랑스에서 왕정과 귀족문화가 막을 내렸던 7월 왕정

3. 이중의 혁명, 이중의 추방

프랑스 혁명의 이념인 '자유, 평등, 형제애[18]'는 19세기 중반이 되면 성인 남성들 사이의 법적 평등을 상징하는 남성 보통선거권의 수립으로 결실을 맺는다. 하지만 혁명의 성과에서 소외된 사람들이 있었으니, 바로 여성이었다.[19] 혁명 초기의 자유로웠던 분위기와 달리 로베스피에르의 공포정치가 시작되면서 여성은 정치에 참여하지 못하는 집단으로 분리되어 사적영역 private sphere[20]인 가정에서 아내와 어머니의 역할에 매몰되었다. 정치적 공적영역인 의회, 정치

시대를 끝으로 사라져갔다. Kale, "The Decline of Salons," French Salons, pp.165~199.

18 흔히 '박애'라고 번역되어온 fraternité는 형제를 뜻하는 frère에서 파생된 단어다. 남성들 간의 결속인 '형제애'로 번역하는 것이 직접적이고 정확하다.

19 혁명 초기에는 사회계층과 성별, 인종을 불문하고 모두에게 자유와 평등의 개념을 적용시키는 듯이 보였으나, 공포정치가 시작되어 왕비를 처형한 시점부터 성차별은 본격화되었다. 이로 인해 19세기 후반부터는 여성이 하나의 정치세력으로 등장하는 페미니즘 운동이 전개된다. 관련문헌으로는 조르주 뒤비, 미셸 페로 편, 『여성의 역사 3』, 『여성의 역사 4』(새물결, 1998); 캐럴 페이트만, 메어리 린든 쉐인리 편, 『페미니즘의 정치사상사』(이후, 2004); 제인 프리드먼, 『페미니즘』(이후, 2002) 등이 있다.

20 공적영역과 사적영역이 언제나 명확히 구분되지는 않는다. 살롱은 집안에 있는 공간이지만 정치적 토론의 장이라는 기능에서 공적영역에 가깝다. 한국의 전통가옥구조에서도 안방과 사랑방은 가정 내 사적영역과 공적영역의 공존을 대표한다. 안방에 거주하는 안사람과 사랑방을 주관하는 바깥양반이라는 호칭에서 '안'과 '밖,' 공적역할과 사적역할은 한 집안에 공존할 수 있다. Nancy Abelmann, "Filial Piety and the Separation of the Sexes," in John H. Koo and Andrew C. Nahm eds., *An Introduction to Korean Culture*(Seoul: Hollym, 1997), pp.165~167. Nancy Abelmann, *The Melodrama of Mobility: Women, Talk, and Class in Contemporary South Korea*(Hawaii: University of Hawaii Press, 2003).

클럽, 광장으로부터의 여성의 추방은 당시의 거짓(pseudo) 의학이론으로도 정당화되었다. 로마제국 시대 갈레노스가 주장했고, 16~17세기 마녀사냥에 활용되었던 '자궁설'이 부활한 것이다. 강력한 자율성을 갖는 신체기관인 자궁이 육체와 정신을 지배하기 때문에 여성은 남성과 달리 감성에 휘둘려 이성적이고 정치적인 판단을 할 수 없다고 규정되었다.[21]

동일한 시기에 영국을 선두로 진행된 산업 혁명 또한 경제 분야의 공적영역으로부터 여성을 추방하는 데 기여했다. 산업화로 인해 작업장 규모는 점점 확대되고 작업장 단위의 고용자 수도 증가하였다. 더 많은 수의 노동자들이 한 작업장으로 모여든다는 것은 일터와 거주지가 더 멀어짐을 의미했다. 때맞춘 전차의 발명은 노동자가 가정에서 멀리 떨어진 일터로 이동하는 것을 가능케 했다.[22]

일터와 가정의 분리는 각각의 공간에서 행해지는 노동의 성격까지 바꾸었다. 근대 이전 농업사회는 가족 모두가 밭에 나가 일하는 공동체노동이 중심이었기에 남녀의 노

---

21 피에르 루셀, 『여성의 육체적·정신적 체계에 대하여』(1775), 미셸 페로 편집, 『사생활의 역사 4: 프랑스 혁명부터 제1차 세계대전까지』(새물결, 2002), p.88에서 재인용.
22 1853년 오스만(B. Haussmann)이 주도한 파리시의 재개발을 대표로 서구 도시들은 근대도시로 재탄생하였다. 낡은 건물이 허물어진 자리에 들어선 새로운 건물의 높은 임대료를 지불할 능력이 없었던 노동자들은 도시 외곽에 형성된 노동자 거주지로 추방되었고, 전차를 타고 시내로 출근하는 노동자들의 모습은 일상의 풍경이 되었다.

동은 명확히 분리되지 않았다. 하지만 산업화와 도시화 과정에서 작업장노동과 가사노동은 분리되었다. 작업장노동은 임금을 받는 보수노동으로, 반면 가사노동은 무보수노동으로 차별화된다. 작업장이 남성의 공간이 되면서, 그곳에서 추방된 19세기 여성은 '행복한 가족happy family'이 사는 '즐거운 집sweet home'에서 무보수노동을 하는 경제적 약자가 되었다.[23] 이로써 여성은 가족 구성원에게 빵을 나누어 주는 '식량 공급자bread distributor'로서의 전통적 지위도 상실하였다. 보수노동을 하고 임금을 받아오는 남성이 그 역할을 대신하게 된 것이다. 그 결과 프랑스 혁명 초기, 부녀자들의 '베르사유 행진'으로 대표되는 여성 주도하의 빵 폭동bread riot은 근대 이후 남성 노동자들의 공장 파업으로 전환된다. 프랑스 혁명과 더불어 산업 혁명, 즉 서구 역사에서 근대를 시작한 '이중의 혁명'으로 인해 여성은 정치와 경제 두 분야의 공적영역으로부터 '이중의 추방'을 당한 것이다.[24]

---

[23] 노동계급의 여성은 부르주아 여성과 달리 작업장에서 임금노동에 종사해 생계를 유지했다. 이들은 차별화된 저임금 노동을 담당했을 뿐 아니라, 19세기 내내 남성노동자가 독점한 노동조합에 가입할 수도 없었다.

[24] 관련문헌으로는 Martyn Lyons, "New Readers in the Nineteenth Century: Women, Children, Workers," in Guglielmo Cavalo and Roger Chartier, eds., *A History of Reading in the West*, trans. Lydia G. Cochrane(Cambridge: Polity Press, 1999); Alain Corbin, Jacqueline Lalouette, et Michèle Riot-Sarcey, eds., *Femmes dans la cité 1815-1871*(Grâne: Créaphis, 1997); Joan Wallach Scott, *Gender and the Politics of History*(New York: Columbia University Press, 1988); Martha Blaxall and Barbara Reagan, eds., *Women and the Workplace: The Implications*

남성선거권에 기초한 의회제와 시장경제에 입각한 산업화라는 새로운 정치, 경제제도를 추진한 부르주아들은 이제 귀족문화를 대체할 새로운 문화를 제시한다. 어떤 혁명도 문화 혁명 없이는 성공적으로 뿌리내릴 수 없기 때문이다. 새로운 가치관, 새로운 인간상, 새로운 문화가 필요했다. 이를 위해 부르주아는 우선 기존의 귀족문화를 여성화된 것, 즉 기만과 위선이 넘치는 위험한 것으로 규정하고 부정했다.

　　18세기 프랑스인의 집단심성mentalité은 '가족로망스'[25]의 강박관념에 따라 국가를 가족의 확장으로, 국왕을 아버지의 총체로 인식하였다. 국가라는 확장된 가족상에서 아버지보다 더한 비난을 받았던 사람은 '나쁜 어머니'인 마리 앙투아네트 왕비였다. 혁명 세력은 어머니의 부정한 행위, 그녀를 정점으로 귀족여성이 정치에 참여하는 것, 그 과정에서 발생하는 남성들과의 자유로운 관계 때문에 국가가 타락했다고 주장했다.

---

　　of Occupational Segregation(Chicago: University of Chicago Press, 1976); Louise Tilly, "Paths of Proletarianization: Organization of Production, Sexual Division of Labor and Women's Collective Action," Signs(1981~1982) 7, pp.400~417. 관련 잡지로는 Signs외에도 Feminist Studies, The Women's Studies Quarterly, Women and History, Pénélope, Feminist Review, RFD/DRF(Resources for Feminist Research/Documentation sur la Recherche Féministe) 등이 있다.

25　프로이트의 용어로 어린아이가 자신의 현재 부모보다 사회적으로 지위가 높은 진짜 부모가 언젠가 자신을 데리러 올 것이라고 믿는 환상, 즉 좋은 부모를 갖고 싶어 하는 강박증을 의미한다. 린 헌트, 『가족을 모델로 한 정치』, 『프랑스 혁명의 가족 로망스』(새물결, 1999) 참조.

왕비와 관련된 포르노그래피는 판화로 대량생산되어,[26] 타락한 구체제의 상징 이미지가 되었다. 공공에 전시된 혐오스러운 여성의 육체는 정치와 경제 영역에서 여성이 겪은 '이중의 추방'을 집단무의식의 층위에서 정당화했다.

살롱을 후궁들이 거주하는 술탄의 하렘harem에 비유한 루소의 주장은 확대 재생산되어, 하렘의 남녀 성역할이 뒤바뀐 일처다부의 문란한 집합이 다름 아닌 살롱이라고 폄하되었다.[27] 타락한 동방의 상징인 하렘과 살롱을 동일시함으로써, 살롱에서 계몽주의와 과학사상이 보급되었다는 사실은 무시되었다. 루소는 더 나아가 여성에게 역사가 없다는 주장으로 지적 전통을 가진 문명의 범주에서 여성을 아예 제외시켰다.

물론 이러한 남성중심적 해석을 비판적으로 바라본 시선도 있었다. 베스트셀러 작가였던 사드 후작은 혁명 이념인 '자유, 평등, 형제애'가 극단으로 치달아 여성에게 부정적 영향을 미칠 것을 암시했다.[28] 그에 따르면 자유란 몇

---

[26] 관련문헌으로는 Vivian Cameron, "Political Exposures: Sexuality and Caricature in the French Revolution"과 Lynn Hunt, "The Many Bodies of Marie Antoinette: Political Pornography and the Problem of the Feminine in the French Revolution," in Hunt ed., *Eroticism and the Body Politic*, pp.90~107, pp.108~130. 그리고 헌트, 「포르노그래피와 프랑스 혁명」, 『포르노그래피의 발명, 외설성과 현대성의 기원, 1500~1800』(책세상, 1996), pp.373~419.

[27] 헌트, 『프랑스 혁명의 가족 로망스』, p.161.

[28] 사드의 주요 작품들은 혁명을 전후한 시기에 저술되었다. 『쥐스틴』은 1791년에 출판되어 10년간 6판을 거듭했다. 『규방철학』은 1795년에, 『쥘리에트』는 1797년에 출판되어 마지막 투옥의 원인이 되었다.

몇 남자들만을 위한 무제한의 자유로 발전하기 쉽고, 평등 또한 누구나 출생에 따른 권리를 가질 수 있는 게 아니라 가장 이기적인 자, 즉 남자들만이 천부인권을 독점한다는 것이다. 또 형제애가 구현되는 대표 조직인 프리메이슨Freemason이나 길드guild 같은 형제단은 감옥의 기능을 갖춘 조직이며, 결국 여성은 감금되어 유린당할 운명이었다.[29]

역사가 헌트의 지적대로 이는 혁명 주역인 "상퀼로트Sans-culottes[30]와 자코뱅Jacobins[31]이 공유하고 있던 여성관, 즉 여성의 공간은 사적영역이라는 견해"를 사드 식으로 비판한 것이었다.[32] 혁명 세력이 마리 앙투아네트를 처형한 배후에는 이미 왕정이 폐지된 정황에서 감옥에 유폐된 전 왕비가 반혁명을 일으킬 위험인물이라는 표면적 이유, 그 이상이 있었다. 왕비가 공적영역에 존재하는 여성의 상징이라는 젠더gender 층위의 이유 때문이었다. 이를 증명하듯 왕비가 처형된 후, 혁명을 적극 지지했던 자코뱅파 여성 정치 클럽들은 폐쇄됐고 여성 지도자들도 처형되었다.

---

29 헌트, 「프랑스 혁명기의 불안정한 경계」, 미셸 페로 편, 『사생활의 역사 4』, pp.84~87.
30 파리의 소(小)상점주(small shopkeepers, 빵집, 생선가게, 정육점 등의 주인) 등 계급적으로 소(小)부르주아에 해당하며 왕정을 무너뜨리고 공화정을 수립하려는 자코뱅을 지지하거나 이들에게 압력을 가해 혁명을 급진적인 방향으로 나가게 한 사회집단이다.
31 계급적으로 중간부르주아다. 의회에서 입헌군주정을 지지하는 지롱드파를 축출하고 권력을 장악, 공화정을 선언하고 왕과 왕비를 처형한 후, 공화정을 위협하는 외국과의 전쟁에 대처하기 위해 혁명독재를 단행한 정치세력이다.
32 헌트, 「프랑스 혁명기의 불안정한 경계」, p.87.

4. 근대: 정복하는 사랑

혁명 이후 19세기를 지배한 남성 부르주아 논리에 따라 부르주아 여성들은 공적영역을 떠나 가정에 안주하였다. 경제적 안락함을 보장받는 대가로 복종을 강요받았고, 가정으로부터의 탈출은 순결 의무를 아내에게만 적용시키는 근대 법제도에 의해 처벌되었다.[33] 가정과 여성의 관계는 절대주의 시대 궁정과 귀족의 관계를 연상시킨다. 절대주의 궁정은 왕의 총애를 받던 귀족에게는 안락한 보호소였지만, 봉건영주로서의 정치적 독립성을 잃은 것을 불행해하는 또 다른 귀족에게는 창살 없는 황금 감옥이었다. 혁명 이후 남녀의 성차별은 혁명 전 구체제하의 신분차별 이상으로 심화되었다. 그리하여 19세기 여성은 공적영역에서 활동하는 근대 남성의 덕목인 근면이나 진취적 특성과는 정반대의 덕목인 무기력과 순응을 강요받았다.[34] 19세기는 여성이 낙담과 체념, 그리고 집단적인 우울증을 앓은 시대였다.[35]

---

[33] Michèle Bordeaux, "Le Maître et l'infidèle: Des Relations personnelles entre mari et femme de l'ancien droit au Code civil," in Irène Théry et Christian Biet, eds., *La Famille, la loi, l'état*(Paris: Imprimerie nationale, 1989), pp.432~446.

[34] Bonnie G. Smith, Ladies of the *Leisure Class: The Bourgeoises of Northern France in the Nineteenth Century*(Princeton: Princeton University Press, 1981), pp.3~17.

[35] 우울, 체념, 낙담은 19세기 말 여성뿐 아니라, 산업 혁명 이후 계급양극화로 인해 소외된 노인, 하층민 사이에서 폭넓게 나타났던 시대정서였다. 드가, 〈압생트〉(1876), 반 고흐, 〈슬픔〉(1882); 〈울고 있는 노인〉(1882); 〈양손에 얼

공적영역에서 추방된 여성은 19세기 동안 본격적으로 감시와 처벌의 대상이 된다. 메르퇴이 부인과 같은 소설 속 인물과 마리 앙투아네트, 여성 정치클럽의 지도자 같은 실존 인물처럼 공적영역에 출현하는 여성은 성적 방종과 동일시되었다. 반면 사적영역에 칩거하는 투르벨 부인은 바람직한 여성상으로 승격되었다.

오랜 전통인 성녀(성모 마리아)와 악녀(살로메 혹은 유디트)의 이분법이 강화되고, 후자의 이미지는 문학과 회화에서 흘러넘친다. 보들레르(Charles Baudelaire)의 『악의 꽃』(1857), 아름다운 청년을 학대하는 귀족 여성을 그린 라실드(1860~1953)의 〈남자 비너스〉(1889), 뭉크의 〈여성 흡혈귀〉, 롭스의 〈여성에게 사로잡힌 남성과 악마에게 사로잡힌 여자〉, 모로의 〈환영〉(1876)과 〈춤추는 살로메〉(1876), 크노프의 〈스핑크스의 애무〉(1896), 그리고 20세기 초 클림트의 〈유디트와 홀로페르네스〉(1901), 〈살로메 혹은 유디트 II〉(1909)로 이어졌다.[36]

굴을 묻고 있는 노인〉(1890), 툴루즈-로트렉, 〈술 마시는 여자〉(1889) 등. 관련문헌으로는 Patricia Mainardi, "Unhappy Families," *Husbands, Wives, and Lovers: Marriage and Its Discontents in Nineteenth-Century France*(New Heaven: Yale University Press, 2003), pp.21~46; Jean Elisabeth Pedersen, "Two Forms of Thought, Two Civilizations, Two Worlds," *Legislating the French Family: Feminism, Theater, and Republican Politics, 1870~1920*(New Brunswick: Rutgers University Press, 2003), pp.75~102.

36 질 장티 외, 『상징주의와 아르누보』(창해, 2002), pp.19, 37, 53, 58~59, 86~87, 96, 120~121. 관련문헌으로는 Debora Silverman, "The 'New-Woman', Feminism, and the Decorative Arts in Fin-de-Siècle France," *Eroticism and the Body Politic*, pp.144~163; Emily Apter, "Splitting Hairs: Female Fetishism and Postpartum Sentimentality in the Fin-de-Siècle," 위의 책, pp.164~190.

마네, 〈올랭피아〉

메르퇴이 부인처럼 여주인공이 천연두로 생을 마감하는 에밀 졸라의 소설 『나나Nana』(1880)는 팜므 파탈을 향한 19세기 사회의 경고를 대표한다.[37]

문학과 회화뿐만 아니라 현실에서도 산업화와 도시화 과정에서 매춘부 집단이 대규모로 등장했다. 순결 의무를 아내에게 떠넘긴 남편들은 팜므 파탈을 찾아 헤매는 자기모순에 빠졌다.[38] 문학에서 악녀에게 내려진 천연두라는 상징적 천벌은 매독으로 형태를 바꾸어, 현실에서 남성 고객들에게 전염되었다. 당시로선 불치병이었던 이 병을 숨겨야만 했던 남성들은 마네의 〈올랭피아〉가 등장했을 때 분노를 폭발시켰다. 평단과 언론의 격한 비난으로 결국 작품은 전시 도중 철수되었다. 전통적인 비너스의 대리석 같은 몸이 아닌 창백하고 얼룩진 올랭피아가, 매독이라는 외면하고 싶은 현실을 들춰냈기 때문이다.

매춘부와 대칭점에 놓인 여성상인 정숙한 아내를 지켜

---

37 Emile Zola, *Nana*(English trans. New York: Penguin Books, 1972).

38 관련문헌으로는 Emile Zola, "L'Adultère dans la bourgeoisie," *Le Figaro*, 28 Feb. 1881; Judith Armstrong, *The Novel of Adultery*(London: Macmillan, 1976); *L'Art de rendre les femmes fidèles et de ne pas être trompé par elles: A l'usage des maris et des amans. Enseigné en cinq leçons et orné d'une gravure, par Lami*[J. -M. Mosès](Paris: Librairie française et étrangère, 1828).

내기 위해 남성들은 아내의 간통을 처벌하는 법을 제정, 가족제도의 안전을 보장받으려 했다. 그럼에도 가족제도 또한 의도한 만큼 안전하지 않았음이 플로베르의 『보바리 부인』(1857), 톨스토이의 『안나 카레니나』(1875~1877) 등에 반영된다. 가정에서 이탈한 두 여주인공에게 비극적 최후를 부여했던 두 작품과 달리 입센의 『인형의 집』(1879)은 노라에게 열린 가능성을 준다. 최초의 총력전인 1차 세계대전 당시 전쟁수행에 기여한 대가로 여성이 참정권을 획득한 20세기에는 D.H. 로렌스의 『채털리 부인의 사랑』(1928)이 새로운 여성의 등장을 알린다.

정숙한 아내와 팜므 파탈이라는 양극단의 여성상, 후자에 대한 혐오감과 유혹받고 싶은 판타지라는 이중성에 더해, 근대 성 문화의 세 번째 특성은 사랑을 정복으로 이해하는 태도이다. 부르주아 남성은 권력관계에서 열등한 위치에 놓이는 여성, 즉 아내나 매춘부와의 관계를 '정복하는' 것으로 이해하였다. '정복하는' 사랑은 나보코프Vladimir Nabokov의 『롤리타Lolita』[39]에서 본격적으로 등장한다. 이러한 사랑은 집착과 그것의 실패에 대한 분노, 파괴 본능으로 이

---

[39] 문학작품으로는 마지막 세계적 스캔들이었던 이 책은 1955년 포르노 문학을 담당하던 파리의 올랭피아사에 의해 출판되었다가 3년 뒤 뉴욕의 퍼트넘사로 인계되었다. 12살의 어린 소녀 롤리타 곁에 머물기 위해 그녀의 어머니와 결혼한 40대 중반의 험버트 험버트(강박증적인 그에게 어울리는 반복적 성과 이름)는 아내가 사고로 죽자 의부 자격으로 롤리타를 소유한다. 세간의 눈을 피해 2년여의 여정 끝에 그녀가 도망치자, 험버트는 집요하게 뒤쫓아 그녀의 새 애인을 살해하고 파국으로 치닫는다.

어진다.

19세기 말과 20세기 초에 지배적이었던 낭만주의, 상징주의, 아르누보에 이르는 일련의 사조도 금지된 욕망의 과잉과 그 출구가 되는 파괴 혹은 그것의 또 다른 모습인 도피충동을 포착하였다. 이러한 충동은 "이 세상이 아닌 그 어딘가"[40]에서 욕망을 완성하려는 집단무의식을 형성하였고, 그 결과 세기말 유럽문화는 에로틱한 죽음, 즉 에로스와 타나토스를 결합하는 판타지에 집착한다.[41] 이러한 환상은 현실세계에서 자신의 소유인 아내와 가정, 나아가 유럽문명이라는 식상한 것이 아닌 그 어딘가[42]에 있을 낯선 것에 대한 환상으로 발전하였다. 증권거래소 직원이었던 고갱은 하루아침에 유럽인 아내와 문명을 떠나 타히티 여성으로 상징되는 비문명 세계로 갔다. 랭보도 에티오피아로 사라져버렸다.

---

40 에드거 앨런 포의 표현으로 보들레르와 위스망스도 인용했던 19세기 말 유럽 문학사의 특징 정서이다. 장티, 『상징주의와 아르누보』(창해, 2002) pp.12~13, 87.

41 필립 아리에스, 「타인의 죽음」, 『죽음 앞에 선 인간(하권)』(동문선, 1997); 장티, 『상징주의와 아르누보』 pp.59~60, 87, 113, 121. 아울러 드뷔시의 곡을 무대에 올린 천재 발레리노 니진스키의 《목신의 호우》(1912), 이듬해 초연된 스트라빈스키 곡의 《봄의 제전》 등 20세기 초 문화계에 충격을 주었던 공연들도 욕망과 죽음의 주제에 몰두했다.

42 폴 고갱(1848~1903), 〈우리는 어디에서 왔는가? 우리는 누구인가? 우리는 어디로 가는가?〉(1897)가 이러한 시대 정서를 반영하는 대표적인 회화 작품이다.

5. 대안의 모색

마지막으로 근현대사회의 주류가 아닌 주변인의 성 문화, 그중에서도 절대주의 귀족문화와 공통점을 보이는 동시에 각자의 차이점이 있는 세 가지 예를 들어 '다른 것'을 이해해 보고자 한다. 첫 번째 사례는 경제적 주변인인 노동계급이다. 중산층에서 초청방식calling system이 지배적이었던 20세기 초, 노동계급은 부모의 의사와 관계없이 상대를 만나는 데이트방식dating system을 발전시켰다. '데이트하기dating'라는 용어도 가난한 사람들의 속어로 1896년에 처음 사용되었다.[43]

초청방식에서 구애자는 상대 여성의 부모에게 허락을 받아야 했기에, 당사자들의 의사나 감정보다는 양쪽 가문의 결합이 가져다주는 사회 경제적 이득이 더 중요했다.[44] 그렇기 때문에 상대 이성을 이해심이 없다거나, 대화가 통하지 않는다거나, 혹은 가치관이 다르다는 이유로 거절할 수는 없었다. 그 결과 남녀 사이의 상호 존중과 배려는 절박하지도, 기본적이지도 않았다. 반면 노동계급은 자신들보다 사회적으로 더 열등한 사람을 만날 두려움이 희박하기 때문에 낯선 사람을 만나는 가능성으로부터 위축되지

---

43 젤딘, 『인간의 내밀한 역사』, pp.155~157.
44 위의 책, p.156.

않았다.[45] 이들의 만남과 헤어짐은 절대주의 귀족이 한 사람에게 과도하게 집중하는 욕망과잉 상태를 조절하기위해 애인을 두거나 시한을 두고 감정게임을 벌였던 것과 공통점을 갖는다. 바로 경험의 다양화라는 측면이다.

두 번째 예는 소수 인종인 미국 인디언 아파치Apache부족이다. 이들 또한 애정의 폭이 넓었던 대가로 많은 사람들을 좋아했고, 좀처럼 누구와 깊게 사랑에 빠지거나 구속되는 일이 없었다.[46] 아파치족의 결혼은 깨지기 쉬웠다. 이혼은 아내가 남편의 옷가지를 집 밖에 내놓는 것으로, 아니면 남편이 사냥을 간다고 떠나서 돌아오지 않는 것으로 이루어졌다.[47] 결혼이 영원한 것이라는 관념이 부재한 이들의 시선에서 볼 때, 절대주의 귀족의 결혼은 무의미한 형식이며, 부르주아의 결혼은 물리적이거나 정신적인 폭력이 법으로 보장되는 기괴한 제도일지도 모른다.

마지막 예는 성적 소수자인 동성애자들 사이에서 발달한 관계형성 방식이다. 에이즈 공포가 극에 달했던 1980년대 이후 이들 사이에서는 비삽입 성관계non-penetrative sex가 탐색되었다. 이는 중세시대에는 피임법으로 어쩔 수 없는

---

45 위의 책, p.155.
46 디 브라운 「그들의 태도는 예절바르고 훌륭하다」, 『나를 운디드니에 묻어주오』(나무심는사람, 2002), pp.15~35. 포리스터 카터의 자전적 소설, 『내 영혼이 따뜻했던 날들』(아름드리미디어, 1996)에서도 체로키족의 감정절제와 간접표현법을 엿볼 수 있다.
47 젤딘, 『인간의 내밀한 역사』, p.479.

것이었으며, 절대주의 귀족들 사이에서는 성적 자극과 희열을 지속시키기 위한 방식이기도 했다.

사랑하는 사람들 사이의 관계에서 어떠한 이유에서건 전통적 방식을 피해야 할 상황이 발생할 때, 새로운 방식을 모색할 필요성이 등장한다. 이때 새로운 방식은 전통적 관습에 문제를 제기함으로써 상호 존중에 기초한 새로운 관계의 가능성을 연다.

6. 마치며

프랑스 혁명 이후 근대 부르주아 사회에서 가족제도는 신성하며, 아내의 성은 남편의 사유재산이고, 결혼은 여성의 삶에서 행복 또는 적어도 완성이라고 강조되어왔다. 그러나 부르주아 가족 이데올로기는 아내의 희생과 인내를 강요하는 장치였다. 서구 중산층의 가치관을 집약시켜 반영하고 있는 수많은 동화, 그리고 이를 영화화한 디즈니 애니메이션 또한 꿈같은 결혼식으로 탄생하는 근대 가족이 남녀 관계의 모든 갈등을 해결해주고 "그 후로는 영원히 행복하게 happily ever after"[48]라는 환상을 재생산한다. 하지만

---

[48] Mainardi, "Happily Ever After…Or Not: Novels and Their Readers," *Husbands, Wives, and Lovers*, pp.149~177. 전근대 민담의 비극적 결말을 해피엔드로 바꾼 근대동화는 예외 없이 "happily ever after"로 마지막을 장식한다.

환상과 현실의 간극을 부인하기는 어렵다.

부르주아 세기인 19세기에 남성들은 신성한 가족제도와 정숙한 아내가 행복을 보장해 주리라 믿었다. '행복한 가정'이란 관념은 18세기 계몽주의자들에 의해 제시되어 톨스토이가 『안나 카레니나』에서 19세기의 상투어라고 했을 정도로 일반화되었다. 그러나 현실에서 남성들은 정숙한 아내에게서 성적 환상을 채우지 못해 은밀하고 고급스러운 매춘을 찾아 헤매었다. 부르주아 남성은 꿈과 현실의 타협으로 새로운 취향을 발전시켰고 19세기 후반부터 '만남의 집'이 급증하였다. 노골적인 창녀촌과 차별화되는 이곳에서 남성들은 18세기 귀족 사교계에서 구현되었던 관행, 즉 남의 아내를 유혹하는 판타지를 구매하였다.[49] 궁정매너가 귀족을 넘어서 사회전체로 확산되는, 즉 '매너의 대중화'[50]가 이루어진 근대사회, 궁정귀족이 구현했던 성 문화 또한 부르주아에 의해 왜곡된 형태로 계승된 것이다.

과학기술과 생산력, 민주주의에서 발전의 최고 단계라는 자부심에 찬 서구 근대사회는 그러나 상호 존중이라는 민주주의의 기본 원리를 남녀 관계에서 구현하지 못했다. 게다가 공적영역으로부터 여성의 추방과 사적영역으로의

---

[49] 플랑드랭, 『성의 역사』, p.113; 알랭 코르뱅, 「내밀한 관계 또는 주고받는 즐거움」, 『사생활의 역사 4』, p.769.
[50] 엘리아스가 『매너의 역사』에서 사용한 개념으로, 매너가 궁정귀족을 넘어 부르주아로, 다시 사회전체로 확산되는 과정을 가리킨다.

감금, 아내의 성에 대한 독점과 동시에 '귀족 성 문화의 대중화'라는 성과에도 불구하고 19세기를 살았던 부르주아 남성도 기대만큼 행복하지 못했다. 행복은 특권을 무기 삼아 이를 갖지 못한 자를 차별하는 관행에서 벗어날 때 가능하다는 고대 아테네[51]의 이상을 되짚어 보게 되는 이유다.

---

51 외국인, 노예, 여성이 제외된 남성시민 사이의 민주주의였다는 한계에도 불구하고, 시민의 범위를 확장해서 해석할 때 고대 아테네는 여전히 인간 존중 이상의 원형이 된다.

나폴레옹에 맞선 스페인 화가 고야

1. 시작하며

판화집 『변덕』[1]과 『전쟁의 참화』[2], 대작 회화인 〈1808년 5월 3일〉과 〈사투르누스〉 등, 고야[3]의 그림은 일상에서 가까이 두고 감상하기에는 불편하다. 강렬한 인상을 남기지만 가능하면 외면하고 싶기도 하다. 신고전주의의 거장

---

[1] *Los Caprichos*. 『카프리초스』라는 원어 그대로 소개되기도 한다. 1799년에 출간된 80점의 동판화 모음집으로 인간의 모든 악덕을 묘사한 점에서 단테의 『신곡』, 「지옥편」에 비견된다. 새러 시몬스, 『고야』(한길아트, 2001), pp.162~168.

[2] 1808년 5월 2일 나폴레옹의 기병대가 민중 봉기를 진압하려고 마드리드로 진입했다. 교외에 주둔하고 있던 스페인군은 중립을 지켰다. 이때부터 스페인 왕가 복귀 후까지 6년에 걸쳐 제작한 80점의 판화 모음집이다.

[3] Francisco de Goya y Lucientes, 1746~1828. 사라고사에서 도금공의 아들로 태어났다. 사라고사 성당 프레스코화로 능력을 인정받아 1788년에 카를로스 4세의 궁정화가가 되었지만 개인적으로는 하층민이라는 주제에 몰두했다. 관련문헌으로는 친구인 아르틴 사파테르에게 보낸 고야의 편지가 포함된 고야 저, 이은희 역, 『고야, 영혼의 거울』(다빈치, 2001); 프라도 미술관장인 알폰소 E. 페레스 산체스 저, 정진국 역, 『프랑시스코 고야』(열화당, 1990); 미술비평가인 줄리아노 세라피니, 『고야: 혼란의 역사를 기록하다』(마로니에북스, 2009).

인 프랑스의 다비드⁴와 같은 시대를 살았다는 사실을 잊을 정도다. 두 화가 모두 1740년대 후반에 태어나 구체제에 반감을 갖는 예술가로 성장했고, 화가로서의 명성 때문에 궁정화가의 길도 걸었다. 하지만 다비드는 절제된 엄숙함과 역사적 장엄함으로, 반면 고야는 불안할 정도의 혼돈과 기괴함으로 같은 시대를 기록했다. 궁정화가인 동시에 군주제의 모순을 비판하는 모임인 '광명파'의 일원이었던 고야의 그림은 문자로 기록된 역사나 다비드가 보여주는 영웅적 이미지 너머에 거친 감성의 세계가 존재했음을 알려준다.

고야의 작품이 창조된 시공간적 상황, 다시 말해 이미지 텍스트image text가 창조된 콘텍스트context⁵를 보자. 시대는 프랑스 혁명으로 루이 16세가 단두대에서 처형되면서 구체제의 신분제가 무너지고, 뒤이어 등장한 나폴레옹이 혁명 이념을 전파하며 유럽대륙을 전쟁의 포화에 휘말리게 한 격동기다. 혁명은 왕이 소유한 국가권력을 민중이 빼앗는 사건이다. '제도화된 폭력'인 권력, 이에 대한 왕의 독점이

---

4 Jacques-Louis David, 1748~1825. 파리 출생. 프랑스 혁명기 공화정을 지지했고 나폴레옹 1세의 궁정화가로도 활약했다. 대표작으로 〈마라의 죽음〉(1793), 〈나폴레옹 황제의 대관식〉(1806)이 있다.

5 바흐친은 텍스트가 특정한 역사적 상황, 즉 콘텍스트와 주고받는 사회적 대화이며, 그 상황을 반영한다고 주장한다. 켄 허쉬쿱, 「바흐친과 음악사회학」, 『바흐친과 문화이론』(문학과 지성사, 1997), p.346. 버크도 전통적 도상학자들과 후기 구조주의자들에 반하여, 이미지의 의미는 '사회적 상황'에 의해 결정된다고 주장한다. '사회적 상황'에는 정치, 문화적 배경, 작품이 의뢰된 상황과 전시 예정 장소 등이 포함된다. 피터 버크 저, 박광식 역, 『이미지의 문화사: 역사는 미술과 어떻게 만나는가』(심산, 2005), p.295.

파괴된 것이다. 고삐 풀린 폭력을 장악한 나폴레옹 또한 정복 전쟁으로 힘의 논리를 이어갔다.

스페인도 혁명과 전쟁의 소용돌이에 휘말렸다. 위로는 국가권력에서부터 아래로는 시민군 저항까지 외부세력인 프랑스에 의해 파괴되었다. 고야는 이러한 시공간을 작품에 담았다. 훗날 헤밍웨이는 고야가 당시의 파멸과 혼란을 절반도 표현하지 않았다며 고야를 지지한다. 고야의 작품은 왜 그토록 고통스러운가? 고야가 평생에 걸쳐 토해내야 했던 건 무엇이었을까? 자신을 이렇게까지 밀어붙인 역사적 경험은 무엇이었는가? 고야의 작품은 이미지의 역사에서 어떤 의미를 갖는가?

이 글은 기존의 미술사 분석만으로는 고야의 고통과 두려움에 다가가기 어렵다고 감히 전제하고 심리학, 그 중에서도 에니어그램[6]의 시선으로 새로운 접근을 시도하고자

---

[6] Enneagram은 고대 그리스어로 숫자 9를 의미하는 ennea와 문자 또는 점을 의미하는 gramma의 합성어다. 4세기 사막의 교부들과 중세 이슬람 수피교도들에 의해 전해지다가 현대에 와서 심리학과 교류하며, 개인이 인식하지 못한 채 체험하는 충동 및 신념체계의 내적 역동성을 설명한다. 1유형은 완전함, 2유형은 관계, 3유형은 성공, 4유형은 특별함, 5유형은 지식, 6유형은 안전, 7유형은 즐거움과 자유, 8유형은 힘, 9유형은 평화를 추구한다. 리처드 로어, 안드레아스 에베르트 저, 이화숙 역, 『내 안에 접힌 날개』(바오로딸, 2006); 리처드 로어 저, 윤운성 역, 『에니어그램 2』(열린, 2003); Don Riso and Russ Hudson, *Personality Types: Using the Enneagram for Self-Discovery*(Mariner Books, New York, 1996); David Daniels and Virginia Price, *Essential Enneagram: The Definitive Personality Test and Self-Discovery Guide*(Harper Collins, 2009); Helen Palmer, *The Enneagram: Understanding Yourself and the Others in Your Life*(Harper Collins, 1991).

한다. 지난 세기 동안 역사학은 심리학, 정신분석학과 연계를 통해 '집단심성망탈리테, mentalité의 역사'라는 영역을 개척해왔다.[7] 에니어그램과의 만남 또한 역사학에 새로운 관점을 제시해 줄 수 있을 것이다. 에니어그램을 선택한 이유는 다른 심리학이나 정신분석학이 비교적 개인에게 집중하는 반면, 에니어그램은 특정 직업군이나 지역집단에도 주목하기 때문이다. 물론 역사의 복잡한 변수들을 간과하고 섣부른 일반화에 도달하지는 않을까, 고대부터 내려온 에니어그램에서 단지 표면적 이론만을 차용하는 건 아닐까 우려가 적지 않다. 하지만 새로운 시도와 시행착오를 극복하려는 노력은 역사를 보는 또 하나의 시선을 더해 주리라 희망한다.

프랑스 혁명과 나폴레옹 전쟁은 물리적인 힘이 충돌한 장이다. 아홉 가지 성격유형으로 개인과 집단의 상호작용을 이해하려는 에니어그램의 관점에서 보면, 그것은 힘을 정체성의 근간으로 삼는 8유형의 행동과 신념이 지배하는 시간대이다. 고야가 이를 목격한 공간 또한 에니어그램에서 8유형이라고 보는 스페인[8]이다. 8유형의 시간과 공간에

---

[7] 그 결과 역사학은 전근대 농민의 정신세계로 들어가는 민담이라는 새로운 접근 경로를 찾아냈다. 또 프랑스 혁명 전야 집단무의식의 세계에서 나쁜 아버지(왕의 표상)가 이미 살해되고 있던 징후도 발견할 수 있었다. 로버트 단튼 저, 조한욱 역, 『고양이 대학살』(문학과 지성사, 1996), 제1장 「농부들은 이야기 한다: 마더 구스 이야기의 의미」; 린 헌트 저, 조한욱 역, 『프랑스 혁명의 가족 로망스』(새물결, 1999).

[8] 에니어그램의 3가지 중심과 9가지 유형에 따르면 8유형은 9유형, 1유형과 함께

서, 8유형의 정체성이 유린당하는 역사를 목격한 것이다. 이는 고야 작품의 폭력과 혼돈을 이해하는 첫걸음이 될 것이다.

물론 의문점이 발생한다. 스페인을 8유형국가라고 분류하는 근거는 무엇인가? 8유형 특성이 지배적이라면 스페인 역사의 어느 시점부터였는가? 첫 번째 의문은 에니어그램에서, 그리고 에니어그램에서 구체적으로 설명하지 않는 두 번째 의문은 역사학에서 실마리를 찾을 수 있다. 이에 답하기 위해 2장에서는 15세기 가톨릭 국가로서 스페인의 탄생과정을 조명할 것이다. 더불어 3장과 4장에서는 각각 나폴레옹 정복 이전과 이후 두 시기에 걸친 고야의 작품 세계를 분석할 것이다. 이 글은 서구 근대를 연 혁명의 시대, 그 빛이 만든 그늘을 4유형 화가인 '고야의 시선'에서[9] 재조명하려는 시도이며, 이미지의 역사에 에니어그램 설명을 적용시키려는 학제interdisciplinary 연구의 한 시도이다.

'장(Gut) 중심'에 속한다. 장 중심은 리소와 허드슨의 용어로는 '본능 중심'이며, 카렌 호니의 용어로는 '적대적 유형들'이다. 장 중심 유형은 본능적으로 반응하며, 삶을 전쟁터로 이해하기에 힘과 정의에 관심이 많고 자기 영토를 요구하는 성향이 있다. 로어 외, 『내 안에 접힌 날개』, pp.94~95, 313~340; 로어, 『에니어그램 2』, pp.109~121; Riso and Hudson, *Personality Types*, pp.290~298.

9 따라서 이 글은 고야의 작품이 18세기 말과 19세기 초 스페인의 '시대정신'이라고 주장하는 것은 아니다. 그러한 주장의 위험성에 대해서는 일찍이 곰브리치가 하우저, 호이징가, 파노프스키를 비판한바 있다. 한 시대에 특정한 문화가 지배적일 수는 있지만, 그렇다고 구성원 모두에게 동질적일 수는 없기 때문이다.

2. 레콩키스타의 경험, 8유형으로 발전하다

스페인을 대표하는 문화인 투우와 플라멩코는 힘과 열정을 공통분모로 한다. 이러한 특징은 다음 장에서 설명할 스페인 신앙과 종교예술에서도 두드러지게 나타난다. 투우는 저돌적인 공격성, 죽을 각오로 버텨내는 강인함, 투우사나 황소의 피 흘리는 고통과 죽음을 직접적으로 전개한다. 투우의 이미지는 삶과 죽음의 결투를 포함하는데, 이는 8유형적 삶의 중요한 주제가 된다.[10] 황소 또한 8유형의 상징 동물이며, 황소와의 '목숨 건 맞대결'은 8유형적 행동충동이다. 스페인 춤인 플라멩코는 '열정 pasión'이란 단어로 함축된다. 열정은 생명력과 고통을 견딜 준비가 되어 있음을 의미하며, 8유형의 본질을 가장 잘 포착한 단어다.[11] 스페인어의 마초 macho와 마치스모 machismo, 남성다움는 공격적 남성성을 이미지화한다.[12]

헤밍웨이처럼 8유형 특성이 강한 사람들은 자신이 태어난 나라보다도 유독 스페인에 끌리는 경향을 보인다. 그는 수차례 스페인을 여행했을 뿐 아니라 1936년 스페인 내전에 통신원으로 자원했고, 이 땅을 배경으로 『누구를 위하

---

10 로어 외, 『내 안에 접힌 날개』, pp.330~331.
11 위의 책, p.326.
12 위의 책, pp.330~331.

여 종을 울리나』[13], 『오후의 죽음』[14], 『위험한 여름』[15]을 집필했다. 그의 주인공들은 자기도취적이며 모험을 좋아하고 난폭하다.[16] 그 자신도 투우사가 되기를 열망했고, 큰 동물을 사냥하길 즐겼으며 경쟁자들에게 권투시합을 강권한 일화는 유명하다. 1961년 엽총 자살로 생을 마감한 그의 삶과 문학은 8유형의 전형을 보여준다.[17]

에니어그램은 개인의 현재를 알기 위해 과거를 돌아본다. 이에 따르면 유년 시절 형성된 내적 자아inner child는 성인이 된 후에도 개인의 신념과 행동패턴을 무의식적으로 결정하는 주인 역할을 한다. 과거는 현재를 비추는 거울이며, 역사는 현재와 과거의 끊임없는 대화라는 E. H. 카의 정의와도 연결된다. 심리학, 정신분석학, 그리고 에니어그램이 개인을 이해하는 데 일차적 목적이 있다면, 역사는 인간의 집단적 행위에 관심을 갖는다는 점에서 차이가 있을 뿐이다.

8유형은 왜 힘을 중시할까? 이들은 어린 시절 억압받은 경험이 있다. 그 결과 세상이 약자에게 벌을 주며, 강자에

---

13 실패할 것을 알고도 목숨을 걸고 세고비아 근처의 전략적 다리를 폭파하는 임무를 수행하는 미국인 게릴라를 다룬 1940년 작품.
14 투우를 비극적인 의식으로 심도 있게 파악한 1932년 작품이다.
15 헤밍웨이 사후에 출판된 책으로 역시 투우를 소재로 하고 있다.
16 로어 외, 『내 안에 접힌 날개』, p.327.
17 위의 책, pp.327~330.

게는 상을 준다는 인상을 받았다.[18] 이제 개인이 아닌 집단, 스페인이라는 국가의 공동체적 경험과 그에 대한 집단 기억인 '역사'를 보자.

 이베리아 반도는 711년부터 이슬람의 지배를 받았다. 같은 반도에 위치한 포르투갈이 비교적 평화로운 과정을 거쳤던 반면, 스페인은 폭력적인 국토회복 운동인 '레콩키스타Reconquista'를 거쳤다.[19] 분열됐던 봉건영주들이 전쟁 혹은 협약으로 영토를 합병해가는 동시에 이슬람 세력을 추방하며 통일국가를 탄생시켰다. 국가 또한 생성, 성장, 소멸이라는 주기를 겪는 하나의 유기체로 본다면 이때가 바로 탄생과 유년기에 해당한다. 이슬람 세력과의 유혈 충돌로 이교도에 대한 증오감은 더욱 커졌고, 1478년에 종교재판소를 설치하여 이슬람교도와 유대인을 강제로 개종시키거나 추방하였다. 1492년에는 마지막 이슬람의 거점인 그라나다를 함락해 레콩키스타를 완성했다.

 같은 해 콜럼버스는 신대륙을 발견했다. 신대륙으로 간

---

[18] 완벽함을 추구하는 "1유형이 훌륭한 소년, 소녀가 되기를 원하는 것처럼, [힘을 추구하는] 8유형은 나쁜 소년, 소녀가 되기를 원한다. '착한 애는 천국에 가지만 나쁜 애는 어디든 간다!'는 경구를 만들어낸 것은 8유형"일 것이라고 로어는 확신한다. 같은 이유로 유대인 대학살을 경험한 어린이와 빈민가 출신 어린이들 중 8유형이 많다. 위의 책, pp.313~314.

[19] 이슬람의 지배를 피해 북부 산악지역인 아스투리아스로 피신했던 가톨릭 세력은 1085년 카스티야 왕국의 알폰소6세 때 고도인 톨레도를, 1248년 세비야를, 1492년 페르난도 왕과 이사벨 여왕이 이슬람의 마지막 거점인 그라나다를 탈환했다. 존 H. 엘리엇 저, 김원중 역, 『스페인 제국사, 1469~1716』(까치, 2000), pp.47~52.

코르테스는 1519년 멕시코의 아스텍문명을, 피사로는 1532년에 페루의 잉카문명을 멸망시켰다. 1547년 디에고 데 란다 주교는 마야문명권의 책을 불사르고 개종하지 않는 원주민을 고문했다.[20] 코르테스는 자신의 부하들이 고난과 전쟁으로 단련된 직업 전사들로 거칠고 단호하며, 거만하고 성마르지만 그들의 명분이 옳다는 확고한 신념에 차 있었다고 기록했다.[21] 역사가 엘리엇은 그들을 가리켜, 중세 카스티야의 메마른 고원에서 형성된 유목 전통의 전사 사회가 배출한 유형이라고 했다.[22] 코르테스는 8유형의 대표 특성을, 엘리엇은 8유형이 고착되는 최적의 조건을 짚어낸 것이다.

8유형은 힘의 소유권을 주장하고 이를 확장하려는 욕구가 강하다.[23] 아메리카 대륙의 문명 두 개가 역사에서 사라졌다. 스페인의 입장에서는 이베리아 반도에서 시작된 레콩키스타의 연장, 즉 이교도에게 기독교의 우월한 힘을 과시한 것이자 종교적 신념으로 무장한 성전이었다. 무자비

---

20 코르테스는 스페인의 하급귀족인 이달고(Hidalgo) 출신이다. 세르반테스의 소설 『돈키호테』의 주인공 또한 이달고에 속한다. 멕시코 유카탄의 주교 디에고 데 란다(Diego de Landa)는 마야문명에 감탄했음에도 기독교 전파를 위해 이와 같은 일을 저질렀다. 피터 N. 스턴스 저, 문명식 역, 『지도로 보는 문화사』(궁리, 2007), p.102.

21 Bernal Díaz del Castillo, *Historia Verdadera de la Conquista de la Nueva España*, c. cciv. 엘리엇, 『스페인 제국사』, p.67에서 재인용.

22 위의 책, p.67.

23 로어 외, 『내 안에 접힌 날개』, p.325.

한 태도는 오히려 신앙심의 깊이를 드러내는 증거로 작동했다. 대의명분을 찾았을 때 엄청난 에너지를 쏟는 게 8유형이다.[24] 역사를 돌이켜보면 8유형의 가공할 전투력과 불굴의 의지는 부패된 정권을 쓰러뜨리는 혁명으로 분출되곤 했다.[25] 하지만 양날의 칼인 8유형의 힘은 스페인이 발 디딘 신대륙에선 불행히도 파괴적 에너지로 꽃을 피웠다.

이슬람의 지배를 받은 과거에서 벗어나려 했던 스페인이[26] 가톨릭 왕국으로, 나아가 대서양 양쪽에 영토를 소유한 거대 제국으로 부상한 것이다. 성공 경험은 학습된 기억으로 남아 다음 행보에 영향을 미치며, 이 패턴이 반복될 때 하나의 유형으로 발전한다. 스페인은 힘을 신봉하는 8유형이 국가적 차원으로 형성되는 과정을 15~16세기에 이미 경험한 것이다.

---

[24] 위의 책, p.313.

[25] 앞서 8유형의 부정적 측면을 언급한 이유는 각 유형이 유년기의 트라우마로 인해 강박적 충동 패턴이 발달했음을 이해하기 위해서다. 에너지가 안정상태일 때 8유형은 사람들을 보호하는 행동가가 된다. 마틴 루터 킹, 피델 카스트로, 체 게바라가 8유형이다. 킹은 얼핏 8유형이 아닌 듯 보인다. 개별 유형이 양 옆에 있는 유형을 날개(wing)로 사용할 때 내적 동기가 같더라도 표면행동이 달라 보이기 때문이다. 킹의 경우는 평화주의자인 9유형을 날개로 사용, 9유형의 대표 인물인 간디의 비폭력저항을 채용한 것으로 해석된다. 위의 책, p.320.

[26] 십자군 전쟁 이후 유럽인은 이슬람세력에 대한 적대감을 갖게 되었다. 이슬람의 지배를 받았다는 것은 신앙심이 강한 스페인 지배층에게는 유럽세계에 완전히 편입되지 못한 역사로 기억됐다.

3. 계몽주의 시대에 부활한 종교재판

힘의 논리가 지배하는 시공간인 18세기 말과 19세기 초의 스페인을 고야는 어떻게 인식했는가? 이 시대는 나폴레옹 전쟁 이전인 스페인 왕실과 교회의 지배시기, 나폴레옹 전쟁 이후 프랑스의 통치와 뒤이은 스페인 왕실 복귀 시기로 나뉜다.

우선 나폴레옹 전쟁 이전 시기를 보자. 프랑스 혁명 전야인 18세기 말, 성직자를 조롱한 풍자화[27]가 스페인 전역에서 광범위하게 유통된다. 알프스 이북에서 밀려오는 과학 혁명과 계몽주의의 물결은 성직자의 권위 기반을 흔들었다. 도시민을 시작으로 농촌 주민들까지 종교로부터 이탈하는 현상은 18세기 유럽에서 완만하지만 분명하게 감지되는 변화였다.[28] 물론 이에 대한 대응은 각 나라, 각 계층 특유의 역사적 경험과 문화에 따라 다양하게 나타났다.

비교를 위해 예를 들자면, 일부 독일 지식인들은 영국의 합리주의나 프랑스의 계몽주의가 지나치게 이성만을 강조한다고 비난하고, 이에 대한 응전으로 독일적 감수성을 강조하는 낭만주의를 제시했다. 사랑, 비탄, 따스한 배려와

---

27 『변덕』 중 성직자를 괴물로 묘사한 〈맹세를 바치다〉, 이교도의 상징인 고깔모자를 쓰고 목에 자물쇠를 매단 채 나귀를 타고 군중 사이를 지나가는 반라의 여인을 무표정하게 바라보는 종교재판관을 풍자한 〈구원은 없다〉 외.
28 로제 샤르티에, 『프랑스 혁명의 문화적 기원』(일월서각, 1998), 6장 「비기독교화와 세속화」 참조.

같은 감성이 18세기 부르주아에 의해 본격적으로 발달했음을 상기해보면,²⁹ 근대적 감성에 기초하는 낭만주의는 하나의 '근대적' 대응인 셈이다.

반면 스페인 교회는 종교재판이라는 무기를 꺼내들었다. 새로운 사상의 유포를 막기 위해 또 다른 사상이 아닌 힘의 논리로 대응했다. 즉각적이고 직접적으로 움직이는 것은 8유형의 행동방식이다.³⁰ 유럽에서 16세기 말과 17세기 초에 절정에 달했다가 사라졌던 마녀사냥이 18세기 말 스페인에서 부활하고, 고문에 의한 자백이 증거로 채택된다.

고야는 종교재판의 잔혹함, 인간의 어둡고 변덕스러운 내면을 민감하게 포착했다. "상황을 지진계처럼 정확하게 파악하는"³¹ 능력, 고통에 대한 특별한 감수성과 예술적 승화는 4유형의 고유한 재능이다.³² 고통을 외면하지 않고 직시한다는 점에서 4유형과 8유형은 공통점을 보인다.³³ 고

고야, 〈십자가의 그리스도〉

---

29 Jean Louis Flandrin, 『성의 역사』(동문선, 1998), 1장 「사랑」, 2장 「성도덕과 부부의 성교」 참조.

30 "8유형은 직접적, 공개적, 즉각적으로 반응하고 불명확한 메시지를 싫어한다." "이들은 돌려서 말하거나 상대의 기분을 살피는 것에 재능이 없다." "외교에 능한 사람이 아닌 것이다." 로어 외, 『내 안에 접힌 날개』, pp.313, 317~318, 321.

31 위의 책, p.200.

32 자의식이 강하고 내향적, 직관적인 4유형에 관해서는 위의 책, pp.200~230, 로어, 『에니어그램 2』, pp.179~192, Riso and Hudson, *Personality Types*, pp.110~135.

33 반면 성공을 추구하는 3유형과 즐거움을 추구하는 7유형은 고통을 외면하려는 성향을 보인다. 로어 외, 『내 안에 접힌 날개』, pp.171~199, 284~312 참조.

야는 부정적인 방향으로 치달은 8유형의 상황을 4유형의 재능으로 고발했다. 칼에 맞서 붓으로 이룩한 화가의 시각적 역공이었다.[34]

중년에 청력을 상실했고, 말년에는 중병으로 죽을 고비를 넘기면서도 고야의 창작열은 줄어들지 않았다. 고통이 클수록 더 창조적이 되는 4유형의 특성이 발휘된 것이다.[35] 8유형과의 고통스러운 상호작용은 아이러니하게도 고야 예술을 꽃피게 한 원동력으로 기능했다.

고야는 죄수, 병자, 광인, 걸인, 매춘부라는 사회 하층민에 주목했다. 이들은 현실과 달리 고야의 작품세계에서 주인공으로 부상한다.[36] 〈교수형 당한 남자〉[37], 〈마드리드의 수호성인 이시도로〉[38]는 거짓, 위선, 도덕적 타락의 희생양이자 고독한 순교자로 재탄생한다. 고통과 어둠에 민감

고야, 〈십자가의 그리스도〉 부분

---

[34] '시각적 역공(counterattack)'이란 전쟁에서 수세에 몰린 쪽의 미술가들이 정복자들의 야만행위를 고발하는 것을 의미한다. 버크, 『이미지의 문화사』, p.242.

[35] 로어 외, 『내 안에 접힌 날개』, p.210.

[36] 하층민은 벨라스케스가 왕녀와 시녀들을 그릴 때, 난쟁이와 광대가 추가된 것에서 초기 흔적을 볼 수 있다. 이들을 주제로 선택한 화가로는 호가스(William Hogarth, 1697~1764)가 있지만, 큰 영향을 미치진 못해 하층민은 이미지의 역사에서 사라지는 듯했다. Mark Hallet and Christine Riding, *Hogarth: The Artist and the City*, Harry and Abrahams Inc., 2007; Robin Simon, *Hogarth, France and British Art*, Univ. of Washington Press, 2007.

[37] 1778년, 동판화. 런던 영국박물관 소장. 교수형당하는 순간의 극적인 효과를 선호했던 당시 화풍과 달리 처형이 끝나고 감방에 홀로 앉혀진 시체의 적막함을 표현, 8유형과는 차별화되는 4유형다운 특성을 드러냈다.

[38] 1778~1782년, 동판화. 걸인의 모습으로 하늘을 올려다보는 성인을 묘사했다. 이는 〈십자가의 그리스도〉와 연장선상에 놓인다.

하고 스스로를 사회 주변인이라고 느끼는 4유형이 재능을 발휘하는 주제다.

마찬가지로 고야는 부활하신 영광의 그리스도가 아닌, 십자가에 못 박혀 홀로 남겨진 순간을 선택했다. 〈십자가의 그리스도〉[39]는 성인 이시도로처럼 약한 자의 편에 서서 시대의 고통을 함께하는 모습이다. 이 작품은 여느 십자가 그림과 두 가지 점에서 다르다. 첫째, 그리스도가 고통스럽게 눈을 뜨고 하늘을 올려다본다는 점이다. 앞선 시대의 비축된 이미지stock images를 활용하는[40] 종교예술사에서 드문 사례다. 십자가의 그리스도는 대부분 우리의 죄를 대신해 돌아가신 숭고하고 평온한 이미지로 그려진다. "다 이루었다"는 말씀처럼 고통은 끝났다. 신도들은 그 앞에서 안도한다.

하지만 고야는 고통을 강조했다. 스페인 민중 신앙에는 이처럼 십자가에 못 박히는 순간에 초점을 맞춘 연극이 넘쳐난다.[41] "8유형은 피를 보고 싶어 하고," "마치 고통을 찬미하는 것처럼 보이는데," "그들에게는 험난한 투쟁일수록 더 숭고하기 때문"[42]이다. 이 지점에서 고통을 외면하지 않

---

39 1789년, 마드리드 프라도 미술관 소장.
40 종교예술과 전쟁기록화에서 비축된 이미지의 사용이 눈에 띈다. 버크, 『이미지의 문화사』, pp.237~244.
41 로어 외, 『내 안에 접힌 날개』, p.323.
42 위의 책, pp.323, 331. 고야의 뇌리에도 스페인 신앙의 전통적 이미지가 각인됐을 확률이 높다.

는 8유형과 4유형이 만나 상승작용을 일으킨다.

〈십자가의 그리스도〉의 두 번째 특징은 첫 번째 특징을 보완해 그 효과를 극대화한다. 고야는 그리스도의 옆얼굴이 향하는 방향을 전복시켰다. 치마부에Cimabue와 조토[43]
이후 관람자의 시선 왼쪽으로 고개를 숙인 그리스도는 회화전통으로 자리 잡았다. 가톨릭 성당에 넘쳐나는 이미지를 우상숭배라고 비판하며, 성상을 파괴하고 교회의 내벽을 하얗게 회칠하는 것으로 대응했던 종교 전쟁 시기(16~17세기)의 개신교 또한 십자가의 그리스도를 주제로 한 회화는 존중했다.[44] 화가들의 수호성인인 성 누가의 은총인지, 이렇게 중단 없이 제작된 십자가 그림 중 좌우가 바뀌는 판화원판이나 이를 모사한 일련의 습작을 제외하면 최종완성본이 고유의 전통, 즉 왼쪽으로 숙인 고개라는 공식을 따르지 않는 경우는 드물다.[45]

조토, 〈십자가의 그리스도〉

---

[43] 조토, 〈십자가에 매달린 그리스도〉. Giotto di Bondone, 1266~1337, 이탈리아 피렌체 출신. 십자가 형상은 기독교가 박해받을 동안 그 표현이 금기시되다가 4세기 기독교 공인 이후 십자가 형벌이 폐지되면서 종교예술과 묘비에 쓰이기 시작했다. 대부분 죽음을 이겨낸 숭고한 모습이지만, 14세기와 17세기에는 예외적으로 고통스러운 모습을 선호했다. 14세기는 흑사병 창궐 때문에, 17세기는 개신교의 성상파괴운동에 맞선 가톨릭의 반종교개혁(Counter Reformation)이 기적과 극적인 장면묘사로 치우친 결과였다.

[44] 자신의 신약 번역본 화보담당 판화가인 크라나흐와 긴밀했던 루터뿐 아니라, 한층 더 엄격했던 칼뱅조차도 교회에서 금지한 십자가상을 개인적으로 소유하는 것은 용인했다. 레지스 드브레, 『이미지의 삶과 죽음: 서구적 시선의 역사』(시각과 언어, 1994), pp.117~118.

[45] 조토 이전에는 눈을 크게 뜨고 정면을 바라보는 그리스도의 십자가상을 볼 수 있다. 이는 "십자가 위에서 다스리는" 제왕적 이미지를 그 시대가 선호한 증

루벤스, 〈십자가로 올리다〉

뇌 해부학자들에 따르면 인간의 좌뇌는 이성을, 우뇌는 감성을 담당한다. 그렇기 때문에 우뇌가 관장하는 왼쪽 눈에 들어오는 이미지가 직관적으로 더 호소력을 갖는다. 바로 이 점을 의학발달 이전부터 예술가들이 인지한 결과, 그리스도의 고개가 왼쪽을 향하는 공식이 발생했다고 본다.[46]

반면 고야의 그리스도는 오른쪽을 올려다보고 있다. 이는 루벤스나 렘브란트의 흔적이기도 하다.[47] 루벤스는 미술사에서 드물게 극적인 장면을 선호했던 바로크 미술의 대가지만, 고야의 그리스도에 비하면 고통은 느껴지지 않을 정도다. 루벤스는 십자가를 들어 올리는 찰나를 그렸다. 십자가는 왼쪽 위에서 오른쪽 아래로 대각선을 그리며 화폭을 가른다. 그 결과 왼쪽으로 쏠린 십자가와 사람들로 인해 화폭의 오른쪽이 비게 된다. 루벤스는 구도상의 균형이 무너지는 것을 막기 위해 그리스도가 오른쪽을 바라보게 했다.[48] 찰나의 순간을 그린 루벤스와 달리 고야는 이미 세

거로 역시 고야의 고통과는 거리가 멀다. 버크, 『이미지의 문화사』, pp.84~85. 대표적 작품은 〈아비(Aaby)의 십자가상〉(11세기 후반, 목각에 동 도금, 코펜하겐 국립박물관).

46 레너드 쉴레인 저, 조윤정 역, 『알파벳과 여신』(파스칼북스, 2004), 3장 「우뇌, 좌뇌」, 22장 「예수, 그리스도」; 버크, 『이미지의 문화사』, 3장 「성화」 참조.

47 고통의 표현은 루벤스에서, 구도는 루벤스를 모사하며 성장한 렘브란트의 〈십자가의 그리스도〉(1633년)에서 영향을 받았다.

48 안트베르펜 성당의 〈십자가로 올리다〉와 〈십자가에서 내리다〉 연작은 애니메이션 《플랜더스의 개》로 우리에게 알려졌다. 미술교육을 받은 적이 없는 네로는 미술전 출품 전에 이 작품을 보았더라면 하고 아쉬워한다. 네로의 출품작

워진 십자가, 고통이 지속되는 걸 강조했다. 견뎌야할 시간의 무게가 다른 것이다.

고야 이후 스페인을 대표하는 또 다른 예술가도 고야처럼 일반법칙을 거부했다. 바르셀로나를 세계에 알린 건축가 가우디다. 가우디 사후 오늘날까지 건축 중인 사그라다 파밀리아 Sagrada Familia, 성 가족 성당 입구인 '탄생의 파사드 façade'가 그리스도의 탄생을 섬세하고 부드럽게 표현한 반면, 건물 반대편인 '수난의 파사드'는 그리스도를 강건한 전사의 모습으로 만들도록 기획됐다. 십자가에 매달린 그리스도는 고개를 정 중앙으로 깊숙이 숙였다. 가우디는 다음 말로 스페인다운 8유형의 신앙 전통을 계승한다.

가우디, 수난의 파사드

> 어떤 사람들은 수난의 파사드가 전체적인 면에서 돌출되어 보인다고 생각할지 모른다. 그러나 나는 경외감을 나타내고 싶었다. 그 때문에 빛의 명암, 요철 모티브, 비장미를 나타낼 수 있는 모든 방법을 사용하려 한다. 그리고 건물 자체가 희생되어도 좋다고 생각한다. 아치를 파괴하고, 열주를 쓰러뜨리더라도 [그리스도의] 희

은 파트라슈와 할아버지가 서로를 바라보는 장면이었다. 튤립과 풍차 때문에 배경이 네덜란드라고 기억하는 사람들이 많지만 사실은 벨기에다. 벨기에는 화려한 가톨릭 바로크 화풍이, 반면 네덜란드에선 검소한 개신교 바로크 화풍이 지배적이었다. 네로가 네덜란드에서 태어나 렘브란트나 베르메르처럼 하층민을 주제로 한 회화전통에 속했다면 이야기는 달라졌을지도 모른다. 루벤스와 렘브란트 비교에 대해서는 아르놀트 하우저 저, 백낙청, 박성완 역, 『문학과 예술의 사회사2』(창비, 1999), pp.296~300.

생의 피 흘림을 상기시킬 수 있다면.[49]

4. 처형되는 시민군

고야, 〈1808년 5월 2일〉

　나폴레옹 정복으로 고야의 주제는 시민군으로 옮겨간다. 마드리드 시민군이 나폴레옹 군대에 저항하는 〈1808년 5월 2일〉과 전투에서 패배한 후 학살되는 〈1808년 5월 3일〉의 연작이 이 시기를 대표한다. 일사불란하게 움직이는 제복차림의 군인에게 학살되는 무기력한 시민의 초상은 앞선 시기의 성인 이시도로, 십자가의 그리스도에 이은 또 다른 순교의 알레고리다.

　〈1808년 5월 2일〉은 시가전을 벌이는 나폴레옹 기병대 중에서도 프랑스인이 아닌 터키인을 화폭 중앙에 배치했다. 스페인 사람들의 집단기억에 새겨진 반이슬람 감정이 고야에게서도 발견되는 부분이다. 이 작품은 민중시위를 묘사한 최초의 근대 회화로 꼽히며, 22년이 지난 1830년 7월 혁명을 다룬 들라크루아의 〈민중을 이끄는 자유의 여신〉에 영향을 미치게 된다.[50]

49　Isabel Artigas, *Gaudi, Complete Works*, 이종석 역, 『가우디, 공간의 환상』(다빈치, 2003), p.19.
50　1830년 7월 혁명의 파리 시민과 이들을 이끄는 자유의 여신, 마리안느를 그린

들라크루아의 작품이 영웅적이고 신화적인 것은 비단 그의 주제가 승리한 혁명인 반면 고야의 주제는 패배한 저항이었기 때문만은 아니다. 고야의 작품세계를 일관해온 주제, 죽음을 무릅쓰고 마지막까지 싸우다 죽어가는 시민군의 장렬함과 두려운 내면세계가 바로 고야가 주목한 점이기 때문이다. 들라크루아의 민중이 화폭 중앙에 배치된 여신의 존재에 압도되어 개인이라기보다는 집단으로 그려진 것과 달리, 고야의 시민은 한 사람, 한 사람이 관람자의 시선을 끈다. 나폴레옹 정복 전쟁에 짓밟힌 마드리드가 아니었다면 고야도 개인의 내면을 보지 못했을지 모른다. 비극적 결말을 아랑곳하지 않고 목숨을 바치는 8유형의 행동충동과 거대한 내면세계를 관찰할 줄 아는 4유형 예술가의 화학작용이 시대를 앞선 예술을 탄생하게 했다. 그렇게 고야는 19세기 말 후기 인상파, 그중에서도 내면세계를 가장 잘 표현하는 반 고흐에 이르러서야 가능할 이름 없는 개인의 내면세계를 이미 세기 초에 예술의 경지로 끌어올린 것이다.

〈1808년 5월 3일〉은 강렬한 명암 대비를 이용해 피 흘리며 쓰러진 사람들 가운데 한 남자를 극적으로 묘사한다. 전체를 어둡게 처리한 반면, 흰 셔츠와 노란 바지를 입은 남자는 마치

고야, 〈1808년 5월 3일〉

작품이다.

빛을 뿜어내듯 밝다. 십자가에 매달린 그리스도처럼 양팔을 넓게 벌린 남자는 순교의 상징적 자세를 계승한다. 〈십자가의 그리스도〉처럼 그 또한 오른쪽 위로 고개를 들고 눈을 크게 떠서 내면의 두려움을 거울처럼 내비치고 있다.

마네, 〈막시밀리안 황제의 처형〉

이 작품은 후일 마네의 〈막시밀리안 황제의 처형〉[51]과 〈바리케이드〉[52], 피카소의 〈한국에서의 학살〉의 모델이 된다.[53] 마네와 피카소도 고야를 따라 총살당하는 사람들을 화폭 왼쪽에, 일사불란하게 총을 겨누는 군인들을 오른쪽에 배치했다. 이들 작품은 구조주의자들이 분석해낸 이미지 구조내의 '대립 항'을 후대 화가들이 '재현representation'한 사례로 거론된다.[54] 이러한 좌우 대비 구도, 공포에 질린 피해자와 얼굴이 보이지 않는 가해자의 대비는 보는 이로 하여금 왼쪽 눈을 통해 우뇌를 자극함으로써 피해자에게 공감하게 될 확률을 높인다.

1814년 스페인과 영국의 연합군이 나폴레옹 세력을 몰아냄으로써, 혁명과 전쟁의 소용돌이가 지나갔다. 하지만 되돌아온 스페인 왕가의 페르난도 7세도 평화를 가져다주

---

[51] 1868~1869. 보스턴 미술 박물관 소장.
[52] 1871년. 파리 코뮌(Paris Commune)의 학살을 그린 작품. 부다페스트 미술관 소장.
[53] 1951년. 파리 피카소 미술관 소장.
[54] 버크, 『이미지의 문화사』, p.287.

진 않았다. 이번엔 혁명의 영향을 받아 그간 진행된 자유주의 운동이 탄압대상이 된다. 왕은 의회를 해산한다. 종교재판도 부활된다. 적이건 친구건 고야 주변의 사람들도 하나 둘 사라져가고 그는 폐허와 고독 속에서 작품 세계로 침잠한다.[55] 종교재판소건, 나폴레옹[56]이건, 돌아온 스페인 왕실이건 고야에게 이 모두는 힘으로 개인을 유린한다는 점에서 매한가지였다. 동시대 화가들이 특징적인 건물과 풍경을 세밀화처럼 자세히 그려 넣어 어디서 일어난 사건인지 알렸던 것과 달리, 고야는 말년으로 가면서 배경을 과감히 생략했다. 인간 내면의 어둠과 추함이 특정 시대, 특정 세력의 문제가 아니라 인간에게 보편적으로 잠재된 본성임을 혁명과 전쟁으로 경험했기 때문이다.

이 과정을 거치며 사실주의에서 낭만주의로 이행한 고야는 공포, 죽음, 광기라는 추상적 주제를 고대 신화로 표현했다. 무의식을 상징으로 표현해내는 것 또한 4유형의 재능이다.[57] 〈사투르누스〉[58]로 대표되는 이 시기는 프랑스

고야, 〈사투르누스〉

---

[55] 4유형은 정서적 욕구가 충족될 때까지 혼자만의 세계로 들어가는 특성을 보인다. Riso and Hudson, *Personality Types*, pp.134~135.

[56] 나폴레옹 황제의 형인 조셉 나폴레옹이 스페인을 통치했다.

[57] 로어 외, 『내 안에 접힌 날개』, p.200.

[58] 1819~21년. 아들에게 살해당할 거라는 예언을 사전에 방지하고자 태어난 아들들을 차례로 잡아먹었다는 로마신화의 사투르누스(Saturnus. 그리스 신화의 크로노스)를 그린 루벤스의 작품에서 영감을 받았다. 루벤스는 잡혀먹기 직전 공포에 질린 아이의 표정에 공을 들인 반면, 고야는 목이 뜯겨나간 뒷모습을 그려 희생자보다 가해자의 광기로 보는 이의 시선을 이끈다. 아들의 부친 살해 가능성과 이를 막으려는 아버지의 친자 살해라는 무의식 층위의 공포는

보르도로 망명해 기거했던 시골저택의 벽화로 남았다. 같은 주제를 그린 루벤스가 사투르누스 주변의 정경을 세밀하게 묘사하고 식인이 일어나기 직전의 순간에 멈춘 반면, 고야는 다른 유형의 예술가라면 표현하기 두려워할 만큼 끔찍한 순간을 선택했다. 나아가 파격적으로 배경을 생략하고 검은 어둠에 발이 잠긴 밝은 나신이라는 강렬한 대비로 무의식의 공포를 강조했다. 남에게 보여주는 것이 아닌, 자신이 감상하려는 작품들로 채워진 개인 미술관이기도 했던 시골저택은 고야가 선택한 무덤이 된다. 1828년 고야는 이곳에서 사망한다.

5. 마치며: 포스트-고야

프랑스 혁명과 나폴레옹 전쟁 시기 스페인은 폭력과 죽음이 분출되던 8유형적 시공간이었다. 8유형의 상황에 저항하기 위해 고야는 병마와 싸우며 끊임없이 4유형 특유의 예술 세계를 창조해 나갔다. 그 결과 그의 4유형적 민감성은 후대에 지울 수 없는 세 가지 흔적을 남겼다. 첫째, 이미지의 역사에서 사회 하층민을 주인공으로 부상시킨 점

각주 7에 인용한 헌트의 가족 로망스 분석을 적용하면 가족의 총체로서의 국가(스페인), 아버지와 아들로 상징되는 국왕(돌아온 페르난도 7세)과 국민(혁명과 자유주의를 경험한)사이의 긴장으로 이해될 수 있다.

이다. 스스로를 사회 주변인이라고 느끼는 4유형이기에, 또 궁정화가이면서도 '광명파'의 일원이었기에 남다른 행보가 가능했다. 더불어 이는 폭력의 시대에 희생된 사람들에게 공감하고 그들을 위무하고자 한 고야 방식의 레퀴엠이었다. 고야로 인해 마네, 도미에[59] 같은 19세기의 대가들은 근대미술의 주제로서 하층민을 재발견하게 된다. 고대 그리스, 로마 이후 신과 지배층이 독점해온 예술 세계에 하층민이 진입한 것이다.[60] 하층민은 그 다음 행보로서 19세기 중반 남성보통선거권을 획득, 지배층의 마지막 보루였던 정치무대의 전면에 등장한다. 민중이 근대사회의 새로운 현상이 된 것이다.

둘째, 인간 내면의 가장 어두운 측면을 가시화한 점이다. 프로이트 이후 정신 분석가들은 인간의 무의식과 외부 세계를 잇는 연결고리로써 고야의 작품에 파고들었다. 살바도르 달리[61]는 고야를 초현실주의 회화의 선구자로 찬미했다. 고야가 시대를 앞서 현실과 표면에 드러난 의식 세계보다 더 큰 무의식의 세계를 건드렸음에 경의를 표한 것이다.

---

59 근대 풍자만화의 선구자인 오노레 도미에의 〈세탁부〉는 고야, 〈물동이를 나르는 여인〉에서 영향을 받았다.

60 자세한 내용은 이 책의 제2부, 2장, "인상주의 회화와 풍자만화의 노동자 이미지 만들기"를 참조.

61 Salvador Dali, 1904~1989. 스페인의 초현실주의 화가. "그림이란 비현실적인 상상력에 의해 만들어지는 천연색 사진이다"라고 주장했다. 대표작으로 〈기억의 고집〉(1931)이 있고, 루이스 부뉴엘의 전위영화 《안달루시아의 개》(1929)의 제작에도 참여했다.

두 번째와 연장선상에 놓이는 마지막 영향은 말년으로 갈수록 모호한 형상을 만들어냈다는 점이다. 감당하기 벅찬 8유형적 현실을 피해 내면세계로 침잠한 4유형이 능숙하게 다루는 게 상징이다. 그 결과 고야는 생산자의 의도와는 별개로, 보는 이가 자유롭게 작품을 해독하는, 이른바 '창조적 읽기creative reading'를 유도하였다. 모호함으로 보는 이를 초대하는 방식은 한 세기가 흐른 뒤인 19세기 말에서 20세기 초, 모더니즘 화가들이 실험적으로 택하면서 미술을 넘어 근대문화 전반으로 발전한다.

19세기 말 보들레르는 『악의 꽃』에서 고야가 "실체가 없는 무형의 것에 대한 애호, 어떤 상황에서 동물적으로 돌변하는 인간의 야릇한 생김새"를 그려냈다고 찬미한다. "근대 세계에서 요구되는 근대적 태도"의 선구자였다는 것이다. 아름다움과 죽음을 쌍생아로 짝지은 보들레르의 "악의 꽃"만큼 고야의 회화에 어울리는 문학적 화답(和答)도 드물다. 고야가 시도하고 모더니즘이 발전시킨 관람자 초대는 21세기 대중문화 전반으로 확산된다. 문화 생산자와 소비자 간의 상호 개입과 소통이 가능한 생산적 소비자, 즉 프로슈머prosumer [62] 등장의 요람으로 고야를 재조명할 가치가 있다.

---

62 producer와 consumer의 합성어로 『제3의 물결』의 저자이자 미래학자인 앨빈 토플러의 개념이다.

폭력과 혼돈의 시대를 이미지로 기록한 고야, 그의 예술은 시간을 초월해 불안한 시대감성과 공명하는 서로 다른 차원들 사이의 웜홀worm hole로 기능한다. 개인의 불안과 슬픔을 예술의 경지로 승화시킴으로써 시공간을 뛰어넘어 소통할 줄 아는 4유형의 재능 덕분이다. 그 덕에 역사는 근대를 연 계몽주의 이성과 위대한 혁명의 시대, 그 빛이 찬란했기에 더 어두웠던 그늘, 거칠고 야수와도 같은 집단 심성에 주목할 수 있다.

제 2부

19세기 산업화와 파리 노동자 문화

카페와 신문을 통해 형성된 노동자 문화

1. 파리시 재개발과 도시봉기의 쇠퇴

"19세기의 수도"[1]라고 발터 벤야민이 칭송했던 파리는 명실상부한 유럽의 정치·문화 중심지였다.[2] 파리의 위상은 나폴레옹 3세 치하에서 파리지사였던 오스만(G. E. Haussmann)이 도시재개발 사업, 일명 '오스만화(Haussmannization)'를 단행해 파리를 근대도시로 재탄생시킴으로써 더욱 높아졌다.[3] 도로와 상하수도가 정비되고 공원과 녹지가 조성

---

[1] Walter Benjamin은 1935년 「파리-19세기의 수도」라는 제목으로 후일 발표될 *Schriften*(Frankfurt, 1955)의 개요를 집필했다. 벤야민, 『아케이드 프로젝트』(새물결, 2005), p.91.

[2] 파리는 1870년대 중반 인구 2백만의 대도시로 성장했다. 파리코뮌 사건으로 인명손실과 해외망명이 두드러졌던 1871년 인구증가율이 1.45%로 떨어진 것을 제외하고, 파리의 인구는 연평균 7% 증가하고 있었다. L. Chevalier, *La Formation de la population Parisienne au XIXème siècle*(Paris, 1950).

[3] 1853년부터 1870년까지 도지사를 지낸 오스만의 사업과 관련된 연구로는 *J. Gaillard, Pairs, la ville 1852-1870*(Paris, 1977); D. Jordan, *Transforming Paris: The Life and Labors of Baron Haussmann*(Chicago, 1995); D. Jordan, "Haussmann

된 결과 파리는 유럽에서 가장 위생적이며 세련된 도시로 거듭났다.[4]

그러나 간과해서는 안 될 점은 이 사업을 추진한 정치적 의도이다. 파리는 중세 이래 계획 없이 성장한 도시로 좁고 막힌 길이 미로처럼 얽혀 있었다. 도시봉기가 발생했을 때 공권력이 투입될 때까지 상당 시간이 지체되었고, 그 사이 노동자들은 결집력을 강화할 수 있었다. 19세기 파리에서 도시봉기로 시작해 프랑스 정치사를 바꾼 1830년 7월 혁명과 1848년 2월 혁명, 연이은 6월의 노동자봉기는 모두 노동자 거주지에 바리케이드가 세워지면서 혁명으로 발전한 사건이었다. 이러한 혁명 전통에 종지부를 찍고자 나폴레옹 3세의 제2제정은 파리시 재개발을 단행한다.

사업이 진행되면서 도로가 정비되고 빈민가가 철거되었다. 파리 중심부에는 금융기관과 고급상점, 호텔이 들어섰고,[5] 치솟는 임대료는 노동 작업장을 외곽으로 내몰았다.

---

and *Haussmannisation*: The Legacy for Paris," *French Historical Studies* 27(2004), pp.87~113; Michel Carmona, *Haussmann*(Paris, 2000); Nicholas Chaudun, *Haussmann au crible*(Paris, 2000); Georges Valance, *Haussmann le grand*(Paris, 2001).

4 실제로 이 시기 동안에 파리 도로는 424km에서 850km로 2배가 증축되었고, 하수도는 143km에서 560km로 무려 4배가량 확장되었다. 로제-앙리 게랑, 「사적인 공간들」, 미셸 페로 편, 『사생활의 역사 4』(새물결, 2002), p.485.

5 오스만화는 공식적으로는 제2제정과의 단절을 표방했던 다음 시기의 제3공화정 동안에도 계속 진행되어 갔다. G. 에펠과 L. C. 부아로가 디자인한 Bon Marché 백화점이 1876년에, P. 세딜이 디자인한 Printemps 백화점이 1881년에, 아르누보양식이 반영된 Galeries Lafayette 백화점이 1898년에 문을 열었다. D. Jordan, "Haussmann and *Haussmannisation*: The Legacy for Paris," *French*

악취가 심한 가죽공장이나 유해한 화학공장이 재개발사업 이전에 이미 도시외곽으로 이주되었기에[6] 노동자의 도심이탈은 빠르게 진행되었다.

노동자들은 파리 북동부에 새롭게 마련된 집단거주지로 옮겨갔다.[7] 인구밀도가 높은 열악한 주거환경 때문에 이 지역은 질병발생률과 사망률이 높았다.[8] 하지만 서로 다른 직종, 다른 작업장에서 일하는 노동자가 일과를 마치고 같은 주거지역에 모여드는 새로운 현상이 나타났다. 계급 동질감을 확인해주는 지역공동체는 노동자의 정체성을 발달시키는 기반이 되었다. 게다가 도심의 행정, 상업 지구를 사이에 두고 마주보는 파리 서부의 부유층 거주지와의

Historical Studies 27(2004), pp.88~93.

[6] 금속가공업과 화학공업은 1848년부터 외곽으로 이주했다. J. Retel, *Eléments pour une histoire du peuple de Paris au 19ème siècle*(Paris, 1977). 물론 모든 노동자들이 북동부로 이주한 것은 아니었다. 인쇄업, 고급가구, 장식품, 화장품, 의류 디자인, 금속장신구, 유리와 도자기 제조업은 도심 소비시장과의 연계성을 유지했다. 이 경우 높은 임대료 때문에 상인에게 흡수되거나 노동비용을 줄이고자 외주제작을 시도, 파리 숙련노동자의 지위는 위기에 처했다. 도심에 남더라도 노동자의 사회적 공간분리는 엄격히 이루어졌다. 부르주아는 건물의 저층에, 노동자들은 다락방에 살아 '6층 사람들'이라는 호칭으로 불렸다. J. Gaillard, *Pairs, la ville 1852-1870*(Paris, 1977), pp.378, 446.

[7] Gaillard, *Pairs, la ville 1852-1870*, p.676.

[8] 1892년 콜레라의 대유행 때 사망자가 가장 많이 발생했던 곳 역시 이 지역이었다. 그해 파리에서 906명이 사망했으며, 그중 11구가 104명, 18구가 116명, 19구가 106명이었다. *L'Epidémie cholérique de 1892 dans le département de la Seine*, Conseil d'hygiène et de salubrité du département de la Seine, 1894; Jaques Bertillon, *Essai de statistique comparée du surpeuplement des habitants à Paris et dans les grandes capitales européennes*, 1894. 로제-앙리 게랑, 「사적인 공간들」, 미셸 페로 편, 『사생활의 역사 4』, pp.513~514 재인용.

대조적 환경은, 부르주아와 노동자의 차이에 대한 자각과 이의 감성적 내재화인 문화적 이질감을 자극했다.

노동자는 새로운 거주지인 파리 북동부를 중심으로 19세기 말부터 이전의 도시봉기와는 다른 조직화된 정치투쟁을 실험하며 역사의 근대화 과정에 응전해갔다. 봉기에서 정당 정치로의 전략 선회는 제2제정 말기 노동조합의 합법화와 제3공화정 시기인 1879년 프랑스 최초의 사회주의 노동자정당(FTSF, 이하 사노당)[9]의 탄생과 맞물리는 변화였다. 19세기 말은 노동자가 독립된 사회계급으로 탄생, 노동자 문화를 형성한 시기였다.

노동자 문화와 이미지는 한편으로는 노동자 스스로에 의한, 다른 한편으로는 사회의 시선에 의한 '이중의 형성과정'을 거쳤다. 두 과정을 추적해보는 연속기획에서 노동계급 내부의 시선으로 본 이 글은 19세기 말 파리 노동자가 여가시간에 발전시킨 계급문화를 고찰할 것이다. 이를 위해 계급문화의 형성과정에서 결정적 역할을 한 두 공간에 초점을 맞출 것이다. 첫 번째는 노동자가 직접 얼굴을 보며 대화를 나누었던 노동자구역의 카페이다. 두 번째는 지면을 통해 자신들이 살아가는 세상에 대한 정보를 얻는 동시

---

[9] 정식명칭은 '프랑스 사회주의 노동자정당 연맹(FTSF: Fédération du Parti des Travailleurs Socialistes de France)'이다. 자세한 것은 서이자, 「불랑제 사건과 '프랑스 사노당'의 의회정치 이탈, 1887~1890: 계급 독립성 문제를 중심으로」, 『서양사론』 60호(1999) 참조.

에 노동자의 목소리를 직접 반영한 노동자 신문이다.

2. 노동자 카페

발자크[10]는 노동자 카페를 "민중의 의회"라 했다.[11] 카페의 정치적 의미에 주목한 것이다. 발자크의 지적처럼 카페는 프랑스 역사에서 굵직한 정치사건과 관계가 깊다. 1789년 프랑스 혁명의 서막이었던 7월 14일의 바스티유 진격사건은 팔레 루아얄에 위치한 카페 드 푸아(café de Foy)에서 시작되었다.[12] 이곳에서 데물렝(C. Desmoulins)은[13] 파리 민중에게 "무기를 들고 일어나라"는 연설로 혁명의 도화선을 당겼다. 그날 밤 이 카페 뜰에서 인민재판이 진행되었고, 파리시장 플레셀이 민중의 이름으로 처형되었다.[14]

마르크스와 엥겔스의 첫 만남 또한 파리의 '카페 드 라

---

10 Honoré de Balzac(1799~1850). 프랑스의 사실주의 소설가.
11 C. Lefébure, *La France des cafés et bistros*(Toulouse, 2000), p.235.
12 오를레앙 공이 재정위기로 1780년부터 세를 내준 뜰이 딸린 카페가 팔레 루아얄에만 여섯 개나 있었다. 그중 하나가 '카페 드 푸아'였으며, 이곳에서 변호사, 의사, 작가, 학생이 모이고, 연설가가 정치사건을 낭독하곤 했다.
13 혁명이 진행되면서 당통과 함께 처형된 피카르디 출신의 변호사이자 혁명가.
14 이 사실은 *Journal de Paris*와 *Gazette de France* 등의 신문에 즉각 실렸다. 융거, 『카페하우스의 문화사』(에디터, 2002) W. Jünger, *Herr Ober, ein' Kaffee!*, München(1995), pp.98~108.

레장스café de la Régence'에서 이루어졌다.¹⁵ 19세기 말 드레퓌스 사건Dreyfus Affair으로 프랑스가 들끓었을 때, 졸라E. Zola가 드레퓌스를 옹호하는 『나는 고발한다』를 쓴 곳도 '카페 뒤랑café Durand'이었다.¹⁶ 이렇듯 정치토론의 장이자 혁명정신의 온상이었던 카페는 19세기 동안 계급분화와 길을 같이 하여 파리 서부와 중심부의 부르주아 카페와 북동부의 노동자 카페로 이분화되었다.

1) 숨 막히는 집과 '행복한' 카페

19세기 중반부터 파리에서는 교회가 눈에 띄게 사라져 갔다. 이에 반해 선술집, 카바레, 간이식당, 카페는 19세기 중반 4천여 개였지만 1885년에는 4만 2천여 개로 10배 이상 급증했다.¹⁷ 노동자들은 일요일에 교회에 가는 대신 카페로 모였다. 언제나 같은 곳에서 손님을 맞는 카페주인, 거주지의 이웃인 단골손님, 답답한 집보다 숨통이 트이는 카페 공간, 이러한 장점으로 인해 카페는 친목과 휴식의 공간이자 노동자 공동체의 중심으로 발전했다.

---

15 D. McLellan, *Karl Marx: His Life and Thought*(New York, 1973), p.131.
16 Lefébure, *La France des cafés et bistros*, p.245.
17 Louis Lazare, *Etudes municipales: Les Quartiers pauvres de Paris*, Paris, Bureau de la Bibliotèque municipale, 1869, pp.45, 92; D. 하비, 『모더니티의 수도, 파리』(생각의 나무, 2005), D. Harvey, *Paris, Capital of Modernity*(Routledge, 2003), pp.317~318.

노동자가 왜 집이 아닌 카페에서 여가시간을 보냈는지 이해하기 위해서는 주거상황을 점검할 필요가 있다. 노동자의 주거환경은 19세기 중반부터 중산층 출신의 위생검시관, 자선사업가, 경제학자가 이곳의 위생과 질병, 생활습관의 상관관계를 연구한 보고서를 통해 외부에 알려지기 시작했다. 이들은 노동자가 적은 수입을 카페에서 다 써버린다고 우려의 시선을 보내며 노동자의 "도덕적 타락과 무절제"를 비판했다.[18]

부르주아의 '행복한 집sweet home'과 달리, 노동자의 집은 어지럽게 널린 식기와 잡동사니, 음식찌꺼기로 불결했다. 얇은 벽은 이웃의 소음을 여과 없이 들려주었고, 종종 벽으로 나누어지지 않은 하나의 공간을 여러 가구가 공유해서 사생활도 보장받지 못했다. 집은 고된 노동 후 휴식의 공간이 아니라 최소한의 수면을 위해 머리를 누일 곳이었다.[19]

---

[18] 1834년 *Economie politique chrétienne*에서 노동자의 생활습관을 보고한 Count Alban de Villeneuve-Bargemont, Louis René Villermé, 경제학자 H. A. Frégier 등은 세부적인 사항에 대한 입장 차이에도 불구하고 모두 노동자 카페가 부정적인 역할을 한다고 동의했다. S. W. Haine, *The World of the Paris Café*(Baltimore, 1996), pp.8~9.

[19] 중산층 출신의 위생검사관이 평가한 노동자 거주지의 이러한 특징은 일찍이 1840년에 보고된 Louis René Villermé의 평가 이후 북부 직물업 지역이건 파리건 간에 별반 개선되지 못했다. *Tableau de l'état physique et moral des ouvriers employés dans les manufactures de cotton, de laine et soie*(Paris, 1840) in W. H. Sewell Jr., *Work and Revolution in France: The Language of Labor from the Old Regime to 1848*(Cambridge, 1980), p.224.

노동자들은 집이 아닌 거리에서 쉴 곳을 찾아야 했다. 이러한 필요에서 노동자 구역에는 소박하고 편안한 분위기를 제공해주는 '행복한 카페 sweet café'가 들어서기 시작했다. 열악한 주거환경이 노동자를 카페로 내몬다는 역학관계는 19세기 전반에 활동했던 트리스탕에 의해 지적된 이래 19세기 말 사회개혁가들이 주목한 점이기도 하다.[20]

이들 카페는 일과 후 노동자들이 쉽게 방문할 수 있는 가까운 휴식 공간이자 사람을 만나 즐거움을 찾는 사교의 장이었다. 다양한 종류의 여가를 즐길 만한 경제적·시간적 여유가 없던 노동자에게, 카페는 근대적 여가를 누리는 장소였다. 카페에서 노동자는 자신의 이름과 종사하는 직종을 알리고 옆 테이블에 앉아 있거나 바에서 서성대는 다른 손님과 대화하는 법을 배웠다. 격식 없이 즐기는 카페의 분위기 속에서 노동자들은 유대감과 소속감을 느꼈다.

2) 카페 공연과 조롱의 문화

카페 주인은 성직자를 대신해서 노동자의 결혼식 주례를 맡는 등, 카페가 지역공동체 중심으로 자리 잡는 것과 병

---

[20] Flora Tristan(1803~1844). 작가. 그녀의 표현을 직역하면 "선술집은 노동자들의 사원"이지만, 본문에서 언급했듯이 당시 선술집과 간이식당, 카바레의 기능을 포괄하여 대표하는 용어인 카페에도 같은 표현이 적용될 수 있겠다. F. Tristan, *The Worker's Union*, trans. B. Livingston(Urbana, 1983), pp.93~94.

행해 영향력 있는 인물로 떠올랐다. 교회는 사라져갔거나, 남아 있어도 여성과 아이들의 모임장소로 의미가 축소되었다. 샤르티에R. Chartier가 추적한 18세기의 탈기독교화[21]가 대도시의 공간정비 형태로 반영된 근대화 현상이었다.

노동자 카페에는 남녀노소가 자유롭게 드나들었고 아이를 데려온 가족단위의 모습도 일반적이었다. 이를 두고 부르주아는 비도덕적이고 비교육적이라 비판했다. 파리의 하층민을 연구하기 위해 이 지역을 방문한 국내외 저널리스트와 학자들도 이 현상을 독특하게 받아들일 만큼,[22] 카페에 부모와 함께 어린이가 출입하는 것은 노동계급만의 특징이었다.

굴드R. Gould는 카페 주인과 손님의 유대관계, 공동체 중심지로서의 카페 특성에 주목한 역사가다. 그는 도시재개발로 노동자들이 이주하면서 형성된 파리 북동부 문화의 특징은 동일 직종의 노동에 근거하는 계급 정체성이라기보다는 단지 지역주민의 공동체 의식이라고 주장한다. 주

---

21 로제 샤르티에, 『프랑스 혁명의 문화적 기원』(일월서각, 1998) 6장, 「비기독교화와 세속화」.

22 프랑스의 저널리스트인 Henri Leyret는 "진정한" 노동자의 삶을 관찰하기 위해서 파리 동부의 벨빌(Belleville) 지역에 카페를 열기도 했다. 또 미국 하층민을 연구하던 Alvan Sanborn은 비교연구를 위해 파리를 방문했을 때, 북동부 노동자 카페에 노동자가 가족단위로 와서 휴식을 취하는 일상을 흥미롭게 주목, 연구결과를 학술지에 보고했다, Sanborn, "Paris Workingmen's Cafès," *North American Review* 158(1894), p.252 in Haine, *The World of the Paris Café*, pp.2, 5.

장의 근거로 그는 노동자 결혼식의 증인인 카페 주인이 노동계급이 아니라는 점을 지적한다.[23] 하지만 카페 주인이 소상점주로 분류되기 때문에, 카페문화 또한 계급문화가 아니라고 축소 해석하기에는 무리가 있다.

카바레 주인이자 성공한 샹송가수인 브뤼앙A. Bruant을 예로 들어보자. 20세기 들어서 춤추는 장소로 기능이 세분화되었지만, 그전에는 카바레도 음식과 술, 공연이 제공되는 콘서트카페café-concert와 유사한 곳이었다.[24] 당시 파리 사교계의 거물이던 살리R. Sally가 시인과 화가를 설득해 몽마르트르로 오게 하려고 1885년에 문을 연 카바레가 '샤 누아르Chat Noir, 검은고양이'였다. 루이 13세풍의 가구로 치장된 화려한 카바레였으나, 살리가 '샤 누아르'를 버리고 6백여 미터 북쪽으로 더 올라가 새로운 카페를 열자, 브뤼앙은 이를 인수해 '미를리통Mirliton'이란 간판을 달아 다시 문을 열었다. 브뤼앙은 샹송가수로 성공한 후에도 파리의 전통적인 숙련직종인 금 세공사·철도원으로 일했던 과거를 자랑스러워했고, 노동자와 계급유대의 끈도 놓지 않았다.

브뤼앙이 운영하면서부터 '미를리통'은 지역주민인 노동자가 드나드는 곳으로 바뀌어갔다. 물론 브뤼앙 체제로 바뀐 후에도 이곳을 선호하는 기존 고객의 발길도 끊이지 않

스탱랑, 카페 '샤 누아르'의
공연포스터

---

[23] R. Gould, *Insurgent Identities: Class, Community and Protest in Paris from 1848 to the Commune*(Chicago, 1995).

[24] Haine, *The World of the Paris Café*, p.4.

았다. 그러나 '미를리통'의 분위기는 직설적인 가사로 부르주아를 조롱하는 브뤼앙의 노래에 노동자가 열렬히 화답하는 방식으로 바뀌었다. 1888에 발표된 'Dans la rue길거리에서'는 자주 선곡되는 인기 레퍼토리로 사랑받았다.[25] 그가 작사한 가사는 다음과 같다.

툴루즈-로트랙, 카페주인이자 샹송가수인 브뤼앙

> 바보들은 내가 그들을 욕하는 노래를 해도 그걸 모르지. 죽을 것 같은 배고픔이 무언지 모르고 입에 은수저를 달고 나온 것처럼 구는 사람들은 그걸 알 수 없을 거야. 나는 그들을 개취급 하면서 복수하지. 그게 사람들을 눈물 흘릴 정도로 웃게 만들더군. 사람들은 내가 농담하는 줄만 알지.[26]

이 노래는 부르주아에 대한 적대감을 풍자적으로 희화화했다. '미를리통'을 중심으로 이러한 노래가 유행하고 공연이 성황을 이루었다. 이는 노동자 사이에 폭넓게 자리 잡은 반부르주아 정서를 카페공연이 제대로 반영했음을 의

---

[25] 이 노래들은 당시에 큰 인기를 얻었을 뿐 아니라, 오늘날까지도 사랑받는 명곡이 되었다. 2003년 Frémeaux & Associés 음반사에서 발매한 CD음반, 'Toulouse Lautrec'에도 브뤼앙이 부른 노래가 원곡을 최대한 복원한 상태로 수록되었다. 관련 포스터는 J. Christophe, *Steinlen: partitions musicales illustrées chansons et monologues*(Lyon, 2004), p.255.

[26] 툴루즈-로트렉의 포스터, 〈루이 13세풍 의자에서 노래하는 브뤼앙〉(1888)에 삽입된 악보의 가사.

미한다.[27]

노동자는 종교를 믿지 않기에 교회에 가지 않으며, 공연을 이해하지 못하기 때문에 극장에 가지 않고, 대신 노동자 카페에 몰려들어 "시간을 낭비했다"는 당대의 기사가 있다.[28] 이는 다음과 같이 재해석될 수 있다. '노동자는 격식 있는 부르주아의 오페라보다는 자신만의 문화인 카페 공연을 보면서 여가를 즐기고 활력을 재충전했다.'

3) 카페에서의 정치교육

발자크가 카페를 민중의 의회라고 한 반면, 트리스탕은 카페가 노동자의 사원이라고 했다. 근대화 과정에서 세속교육기관이 등장하기 전까지 전통적으로 교육을 담당해 온 기관은 교회를 포함한 종교기관, 즉 사원이었다. 근대국가가 지휘하는 세속교육기관이 부르주아의 가치를 전파하는 곳이라면, 노동자는 접근이 쉽고 자신이 속한 세상에 대해 이야기하는 카페를 선택했다.[29]

---

[27] 19세기 말 샹송은 노동운동에서 소통의 수단이자 자유의 상징이 되었다. 이에 대해서는 G. Manfredonia, *La Chanson anarchiste en France des origines à 1914*(Paris, 1997), pp.137~169, 207~238.

[28] F. Tristan, *The Worker's Union*, trans. B. Livingston(Urbana, 1983), pp.93~94. 트리스탕이 부르주아의 주장을 인용한 것이다.

[29] 실질임금이 상승된 숙련노동자 일부는 남성가장의 수입만으로 아내를 가정에 머물게 하고 자녀를 학교에 보낼 수 있었다. 하지만 대다수 노동자에게 1880년대에 도입된 의무교육은 문화적으로나 경제적으로 접근이 쉽지 않은

노동자 카페에서는 일상적인 대화에서부터 진지한 정치토론에 이르기까지 다양한 정보가 교환되었다. 위고(V. Hugo)가 지적했듯이 사회가 불안해지면 카페에서 오고가는 대화도 정치비판으로 신랄해졌다.[30] 사회 불만을 해결하기 위해, 지명도 높은 중산층 출신의 공화파 후보 대신에 이제 막 정치활동을 시작한 노동자 후보에게 투표하자는 여론이 카페를 중심으로 조성되어 거리로 퍼져나갔다. 카페는 노동계급 정치활동의 중심으로 부상했다.

일찍이 1851년에 공표된 법령에서 나폴레옹 3세는 카페가 사회 무질서와 도덕적 타락을 조장하며, 비밀결사를 발전시키는 온상이라고 지적했다.[31] 카페가 단순히 여가시간을 보내는 휴식공간이 아니라, 정치활동이 펼쳐지는 공간임을 파악한 것이다. 1879년 사노당이 등장한 이후, 카페는 또한 회합 장소를 물색하기 어려웠던 당에게 공간을 제공했다. 사노당은 경찰의 눈을 피해 여러 카페를 돌아다니며 주 2~3회의 소규모 집회와 정기 월례모임을 열었다.[32] 카페는 정규교육을 받지 못했던 노동자가 계급 자부심과 사회주의 이상을 학습하는 교육의 장이 되었다.

매우 낯선 기관이었다.

30 위고는 이런 상황에서 카페 손님들이 나누는 대화가 그들이 마시는 포도주보다도 더 독해졌다고 표현했다. V. Hugo, *Les Misérables*.
31 Haine, *The World of the Paris Café*, p.11.
32 Archives de la Préfecture de Police de Paris. B/A 985, 1883. 12. 23; B/A 1006, 1886. 1. 10; B/A 1479, 1885. 12. 11; B/A 1478, 1886. 11. 7.

그 성과는 노동자 구역에서 두드려졌던 사노당 후보에 대한 높은 지지율로 가시화되었다. 파리 북동부에서 드디어 노동자 후보가 지명도 높은 정치인들을 누르고 시의원과 하원의원으로 당선되기에 이른다. 1882년 최초의 노동자 후보로 조프랭J. Joffrin, 기계공,[33] 1884년 샤베르C. Chabert, 조판공,[34] 1886년에는 파이에E. Faillet, 1887년에는 앞의 세 명을 포함해 총 아홉 명이 북동부와 인접구인 11, 13, 18, 19, 20구의 파리시의원으로 당선되었다. 1889년 총선에서는 하원에 뒤매Dumay, 기계공와 조프랭이 당선되어 파리시를 넘어선 국가차원의 정치무대에 노동자의 목소리를 직접 전하였다.[35]

---

[33] 조프랭은 1860년대에 블랑키주의자로 출발, 파리코뮌에 가담한 이후 영국 망명생활을 거쳐 1880년 대사면으로 귀국했다. 그 뒤로 파리 18구의 노동운동 거점인 '몽마르트르 그룹'에서 활동했다. 그는 이 구역에서 오랫동안 활동한 것을 기반으로 1882년 사노당 최초의 파리 시의원에 당선되었다.

[34] 샤베르는 1818년에 태어나 1848년 혁명부터 이름을 알리기 시작했다. 최초의 파리 지역 노동자 신문이자 사노당 창당 이후에 당 기관지로 채택된 『르 프롤레테르』를 창간했으며, 재정난으로 편집진이 바뀐 후속지 『르 프롤레타리아 Le Prolétariat』에 계속 관여했다.

[35] 이들은 사노당의 후보들이었다. 사노당은 파리에 거점을 확보하는 데 실패한 프랑스 마르크스주의자(게드주의자)보다 평균 40배, 블랑키주의자보다 평균 10배의 득표율을 나타냈다. 1890년대에도 사노당의 분파인 알르망파가 파리에서 여전히 제1사회주의 세력으로, 또 다른 분파인 브루스파가 제2사회주의 세력으로 건재했다.

3. 신문과 공연포스터: 노동자의 교과서

1) 노동자 신문

카페와 더불어 노동자의 계급정체성을 강화한 것은 노동자 신문이다. 신문은 1789년 프랑스 혁명 이전까지 주로 지식인의 전유물이었으나, 혁명과정에서 거리의 연사와 하층민도 접하게 되었다. 노동자 카페는 신문을 비치하였다.[36] 19세기 말 노동운동에 적극 가담한 세대는 1830년대에서 1860년대 사이에 태어난 이들이었다. 이들은 1880년대에 도입된 의무교육제도의 혜택을 받지 못한 세대이다. 그럼에도 파리 노동자는 다음의 세 가지 이유로 다른 지역 노동자보다 문자해독률이 높았다.

첫째, 소책자·전단지·포스터·신문 등 다양한 매체를 접할 가능성이 농촌이나 지방도시보다 파리가 높았다. 둘째, 파리 노동자들은 전통적인 숙련직종에 종사하였다. 이들은 비숙련노동자에 비해 상대적으로 여가시간과 경제력, 동료집단 문화에서 글을 깨우칠 기회가 많았다. 마지막으로 인쇄업이 파리에 집중되어 있었다. 활판에 글자를 배열하는 식자공을 필두로 조판공, 제본공에 이르기까지 직업 특수성상 인쇄공은 문자를 해독할 기회가 많았다. 인쇄공

---

[36] Haine, *The World of the Paris Café*, p.4.

노동지 신문 『르 파르티 우브리에(노동당)』

의 읽고 쓰는 능력은 동일한 지역공동체의 다른 직종 노동자에게 영향을 미쳐 지역의 문자해독률을 높였다. 1871년 파리코뮌사건 이후 다수의 노동자가 해외로 추방된 망명생활 중에도 염색공 말롱[37]은 이탈리아어로 저술활동을 하였다. 파리 숙련노동자의 지적능력이 어느 정도인지 짐작하게 해주는 한 예다.

파리 노동자가 읽던 신문으로는 우선 사노당이 발행했던 두 종류의 신문이 있다. 기관지인 『르 프롤레테르 Le Prolétaire』는 주 1회 발행되었고, 1887년 불랑제 장군의 군사쿠데타 위험 Boulanger Affair, 1887~1889을 방지하고자 창간된 『르 파르티 우브리에 Le Parti Ouvrier』는 일간지였다. 노동자는 카페에서 신문을 읽고 카페주인 또는 다른 손님과 토론하기를 즐겼다. 이 과정에서 노동자의 정치의식이 성숙되었다. 두 신문은 각기 8면으로 발행되는데, 파리코뮌 기념일 같은 날에는 12면까지도 지면을 늘렸다. 신문 한 부의 가격은, 위의 두 신문이 각기 5상팀centime, 브뤼앙이 그의 카바레와 동일한 제목으로 발행한 잡지 『르 미를리통 Le Mirliton』은 10상팀이었다.

---

[37] 말롱 Benoît Malon은 파리코뮌 직후 망명하여 1880년 대사면 때 귀국했다. 그 사이 이탈리아 아나키스트들과 교류하면서 이탈리아어로 소책자를 발간했다. 참고문헌으로는 K. S. Vincent, *Between Marxism and Anarchism*, Berkeley, 1992; E. Fukuda, "Benoît Malon and the Search for Integral Socialism, 1860~1893," Unpublished Ph. D. dissertation(Columbia Univ., 1998).

파리 지역 남성 숙련노동자의 임금은 일당 최고 20프랑, 평균 6프랑 정도였다. 여성노동자는 이보다 적은 2.5프랑이었다.[38] 신문 가격은 남성노동자 일당의 1~2%, 여성노동자 일당의 2~5%에 해당하는 액수다. 노동자를 주요 독자층으로 하는 신문의 특성상, 노동자를 확보하지 못한다면 주기적인 휴간이나 폐간이 불가피하다. 위의 두 신문이 꾸준히 발행된 사실은 노동자 독자층을 성공적으로 확보했음을 반증한다. 특히 『르 프롤레테르』가 외부의 자금지원을 받지 않고 구독료와 사노당 당원의 기금만으로 운영된 사실은 두 신문의 계급적 독립성을 보장해주었다.[39]

사노당이 발행하는 신문은 정치와 경제투쟁의 당위성을 알리는 1면 머리기사와 사설, 1면과 2면, 양쪽 하단에 걸쳐 연재되는 소설, 7면에 실리는 회합·결혼·부고 등의 공지란 외에도, 마지막 8면에 광고란이 있다. 광고란에는 지역공동체 소식지 기능을 수행하는 의미에서, 새로 문을 연 카페나 빵집, 푸줏간 등 지역상점의 광고가 등장했다.

---

38 Evelyne Sullerot, *Histoire de la presse feminine en France, des origines à 1848*(Paris, 1966), p.48; Claire Goldberg Moses, *French Feminism in the Nineteenth-Century*(Albany, 1984), p.26. 1840년대의 여성노동자 임금수준이 1880년대까지 별반 인상되지 않은 사실에 대해서는 서이자, 「19세기말 프랑스 노동운동에서 성(Gender)과 계급(Class): 사노당(FTSF)의 여성문제를 중심으로」, 『프랑스사연구』 5호(2001), pp.200~201.

39 S. Reynolds, "Allemane, the Allemanists and *Le Parti Ouvrier*: the Problems of the Socialist Newspaper 1888~1900," *European History Quarterly*, 15(1985), pp.43~70.

신문은 특정 사건에 대한 노동자 정당의 입장이나 사회주의 건설에 대한 소망뿐 아니라, 노동자지구에서 발생하는 사건과 소식을 교환하는 장으로서 기능했다.

노동자 신문은 물론 카페와는 차이점이 있다. 카페는 모두에게 열려 있지만, 신문은 편집진에 의해 통제된다. 카페에서는 형식에 구애받지 않는 자유로운 토론이 진행되지만, 신문지상에서는 정당의 공식입장이 대변되고, 정치투쟁이나 경제투쟁을 설명하는 이론도 제시되어야 했다. 따라서 신문에는 노동자 편집진 외에 사회주의 지식인도 참여했다.

『르 파르티 우브리에』에 '피에르 브르통Pierre Breton'이라는 필명으로 기고한 에르Herr는 고등사범학교의 도서관 사서였다. '랑트나Lanthenas'라는 필명의 마릴리에Marillier는 대학강사였으며, '아르세-사크레Arcès-Sacré'라는 필명의 사크레Sacré는 변호사였다. 1890년대 중반에는 법학도 샤르네Charnay와 군복무를 마친 대학생 바라Barrat가 편집진에 가세했다.[40] 이들이 필명을 사용한 이유는 불필요한 경찰의 감시와 탄압을 피하기 위해서였다.[41] 노동자들은 사회주의 지식인의 참여가 노동자가 축적해온 투쟁경험을 이론화하는 데 도움이 된다고 인정했다. 신문은 이렇게 노동자와 중산층 출신

---

[40] 해당연도의 *Le Parti Ouvrier* 사설을 참조.
[41] S. Reynolds, "Allemane, the Allemanists and *Le Parti Ouvrier*," *European History Quarterly*, 15, 1985, pp.55~59.

의 사회주의 지식인이라는 두 계급이 만나는 통로였다.

신문이 카페에 비치됨으로써 카페 손님 누구에게나 신문은 접근 가능하였다. 또 신문이 비치돼 있었기에 카페의 토론 또한 활성화될 수 있었다. 동일한 정치기사, 동일한 소설, 동일한 지역공동체 소식을 접하면서 파리 북동부 카페에서 여가를 보냈던 다양한 직종의 노동자는, 유사한 정치적 입장과 집단 감수성을 발전시켰다.[42]

2) 카페 공연 포스터

신문보다도 강렬한 인상을 남기는 매체로는 포스터가 있다. 특히 카페나 카바레의 공연을 알리는 포스터는 각 지면을 펼쳐보아야 하는 신문과는 달리 스쳐 지나가는 짧은 순간에도 총체적인 정보를 파악할 수 있는 빠른 정보전달 효과를 갖는다.

---

[42] 유사한 정치입장은 파리 북동부 지역에서 사노당 이외에 파리 시의회에 진출한 사회주의자로 바이앙파를 이끄는 바이양(E. Vaillant)이 유일했다는 사실에서도 미루어 짐작할 수 있다. 득표율을 보면 1884년 사노당은 파리에서 33,000표(전체의 7%)를 획득했다. 같은 시기 단지 800표를 획득했던 게드주의자들이나 3,000표를 획득했던 블랑키주의자들보다 각기 40배, 10배 이상 높은 수치다.

툴루즈-로트렉[43]이나 스탱랑[44] 같은 몽마르트르의 화가는 삽화와 노래 악보가 결합된 미를리통의 공연 포스터를 제작했다. 포스터가 거리에 전시되면서, 노동자는 지역문화에 대한 정보를 얻었고, 공연을 보러 가지 못하더라도 길거리에서 노래를 따라 부르며 간접적으로 참여할 수 있었다. 몽마르트르의 예술가들이 노동자지구에 둥지를 틀면서, 주말에 콘서트홀과 오페라 극장을 찾는 부르주아 문화와 구별되는 파리 북동부만의 독특한 공연문화가 탄생한 것이다.

포스터를 그린 화가들이 노동자 출신은 아니었지만, 브뤼앙의 의도를 충실히 표현하였다. 포스터에는 몽마르트르 화가들이 거리에서 빈번히 마주치는 노동자의 모습이 담겼다. 또 포스터는 노동자의 삶에 관한 노래 가사를 이미지로 표현했다.[45]

'미를리통'의 공연을 알리는 포스터는 카바레 소식지 1

---

[43] Henri Marie Raymonde de Toulouse-Lautrec Monfa(1864~1901). 프랑스 남부 도시 알비(Alby)의 백작집안에서 장남으로 태어났으나, 선천적인 지병으로 불구가 되어 상류사회를 떠났다. 파리의 몽마르트르로 이주해 석판화와 포스터 장르에서 새로운 경지를 개척했다. 〈Aristide Bruant〉, L'affiche lithographique de Toulouse-Lautrec.

[44] Thopile-Alexandre Steinlen, 1859~1923. 스위스 로잔에서 출생해 몽마르트르로 이주했다. 카바레 '샤 누아르'가 발행하는 동명잡지에 실린 삽화로 데뷔했다. 졸라의 사회소설에 관심을 가진 그는 자신의 그림도 사회하층민의 문제를 사회에 알리는 역할을 하기를 열망했다.

[45] Christophe, *Steinlen: partitions musicales illustrées chansons et monologues*, pp.10~11.

면을 장식하는 동시에 한 장짜리 포스터로만 따로 제작되어 팔렸다.[46] 1885년부터 1893년까지 8년 동안 1호부터 100호의 표지를 장식한 100개의 포스터가 가로 18, 세로 27cm의 크기로 인쇄되었다. 1893년에는 크기를 확대해 가로 28, 세로 38cm 사이즈로 101호부터 142호까지의 표지에 실렸던 포스터가 제작되었다. 이듬해인 1894년 한 해에도 대형 포스터가 30개나 만들어져[47] 포스터의 인기를 실감케 했다.

카페 공연을 알리는 포스터는 그림과 글자가 결합된 홍보물의 형태, 즉 오늘날 영화, 공연 포스터의 기원이 된다. 물론 16세기 종교개혁으로 가톨릭과 개신교 사이에 종교전쟁이 발생했을 때 상호비방 팸플릿이 그림과 간단한 문구가 결합된 초기형태로 등장했었다. 하지만 근대 포스터의 탄생은 역시 19세기 말 몽마르트르 화가에 의한 것이었다. 문자와 그림이 결합된 포스터는 우리 뇌에서 선형적이고 추상적인 문자정보를 파악하는 좌뇌와 종합적이고 시각적인 이미지를 파악하는 우뇌의 기능을 동시에 작동시

---

[46] Christophe, *Steinlen: partitions musicales illustrées chansons et monologues d'Aristide Bruant*, pp.22, 26, 29, 37, 47, 140, 145, 177, 202에 악보와 노래가사, 삽화가 함께 인쇄된 관련 포스터 참조.

[47] H. Geffroy, *Chansons et monologues d'Aristide Bruant*(Paris, 1896~1897); Aristide Bruant, *Dans la rue, dessins de Steinlen*(Paris, 1888); *Dans la rue 2, dessins de Steinlen*(Paris, 1888); Aristide Bruant, *Chansons de la rue, Illustrations de Steinlen et de Poulbot*(Paris, 1959).

켜,⁴⁸ 정보를 저장하는 동시에 감성적 자극을 준다.

동시에 포스터는 글자보다 그림이 중심이 되기 때문에 문자해독능력이 없는 사람들에게도 침투할 수 있다. 어린이나 글을 모르는 어른 또한 노동자지구의 일상에서 포스터를 반복해서 만나게 된다. 이 과정에서 이웃의 도움을 받아 큰 글씨의 제목에서부터 작은 글씨의 노래가사까지 단계적으로 난이도를 높여 글을 깨우치게 된다. 이는 부르주아 아동에게 그림 동화책이 문자해독 학습기능을 하는 것과도 유사하다. 이렇듯 포스터는 노동계급이 글과 문화를 배워가는 첫 단계로, 다음 단계인 신문해독에 도달하는 중간매체로 기능하였다. 카페가 노동자의 학교였다면, 신문과 포스터는 교과서였던 것이다.

4. 마치며

부르주아나 중산층 지식인에 의해 19세기 중반부터 본격적으로 작성된 노동자구역에 관한 각종 보고서는 노동자를 "위험한 계급"이라고 규정했다.⁴⁹ 유력한 신문인 『르

---

[48] 이는 쉴레인, 『알파벳과 여신』의 핵심 주장이다.
[49] 경제학자인 H. A. Frégier의 저서 *Des classes dangereuses de la population dans les grandes villes et des moyens de les rendre meilleurs*(Brussels, 1840)은 유럽 지식인이 노동자를 위험한 계급으로 등치시키는 데 영향을 주었다.

피가로*Le Figaro*』,『르 모니퇴르*Le Moniteur*』도 노동자를 "적색분자", "야만인", "미개인" 등의 경멸적인 호칭으로 반복해 부름으로써 혐오스러운 이미지를 사회에 보급했다.[50] 그리고 신문이 만든 여론을 증명하는 '과학적인' 근거인 양, 상기한 연구보고서가 다시 인용되는 악순환이 반복되었다.

물론 노동자가 스스로를 보는 시선은 외부의 시선과는 달랐다. 오스만의 파리시 재개발 이후 파리의 북동부로 결집한 노동자는 카페나 거리, 어디서건 마주치는 카페공연 포스터나 신문 삽화에 그려진 노동자 이미지를 보았다. 회화작품에 등장하는 부르주아 계층과는 분명 다르지만, 이웃에서 보는 친근하면서도 육체노동에 자부심을 갖는 모습이었다.

이러한 자부심은 카페나 거리에서 동일한 노래로 부르주아를 조롱하는 사이 강화되었다. 파리 북동부는 지역민이 공유하는 노동자 카페문화와 신문정보를 중심으로 동질적인 계급정체성과 문화를 발전시키는 지역기반을 제공해 준 셈이다. 신문은 노동자 자신의 언론매체이자 세상을 향한 노동자의 목소리이다. 카페공연 포스터는 거리에서 무료로 감상하는 예술작품이자, 부르주아 아동의 그림동화책처럼 문자해독능력을 키우는 최초의 텍스트였다.

19세기 부르주아는 노동자 문화를 시간낭비와 무절제

---

50 C. Lepidis, *Belleville*(Paris, 1975), p.285.

로 보았다. 그러나 편견을 버린 시선으로 새롭게 보고 유연하게 사고할 때, 우리는 낯선 문화를 좀 더 깊게 느낄 수 있을 것이다.

인상주의 회화와 풍자만화의 노동자 이미지 만들기

1. 시작하며

19세기 후반에 단행된 파리시 재개발로 파리 북동부의 외곽지역이 파리시로 새롭게 편입되었다. 그리고 이 지역에 흥미로운 두 공간이 출현했다. 하나는 거리봉기가 혁명으로 발전하는 전통을 종식시키려고 정부가 중심부에서 추방한 노동자들의 집단거주지였다. 다른 하나는 카페와 카바레가 즐비한 환락가이자, 예술가가 둥지를 튼 몽마르트르였다. 몽마르트르는 파리 서부 부르주아 구역과 북동부 노동자 구역의 상이한 문화가 만나는 독특한 접점이었다.

화가들은 카바레의 무희나 종업원, 거리에서 마주치는 노동자의 이웃이 되었다. 감각에도 능력의 차이가 있기에, 일반인은 놓치는 것을 화가는 뛰어난 직관력으로 포착한다.[1] 인상주의 화가들은 부르주아와 노동자라는 근대사회 두 계급을 뚜렷이 구별되는 이미지로 해석하여 재현했다.

인상주의가 19세기 후반 미술계에 혁명을 일으킨 이후 빛과 색채, 새로운 주제와 사회상,[2] 미술사적 위치[3]는 흥미로운 연구대상이었다. 핸슨[A. Hanson], 레프[T. Reff], 클락[T. J. Clark]은 인상주의가 '근대의 삶[modern life]'을 화폭에 담았음에 주목한다.[4] 가장 근대적인 화가인 마네[5]는 불안하고, 모순되며, 무언가를 갈망하지만 면죄받을 수 없는 근대사회의 긴장을

---

[1] 1878년 11월 5일, 동생 테오에게 보내는 편지에 빈센트 반 고흐는 다음과 같이 썼다. "예술이란 얼마나 풍요로운 것인가! 본 것을 기억하는 사람은 결코 허무하지도…고독하지도 않을 것이다. 그는 결코 혼자가 아니기 때문이다." 화가의 역할을 꿰뚫고 있는 표현이다. *The Complete Letters of Vincent van Gogh*, Introduction by V. W. van Gogh, 3 vols.(London, 1958).

[2] Jean-Paul Bouillon, "L'Impressionisme," *Revue de l'art* 51(1981): 75~81; Jean-Paul Crespelle, *La Vie quotidienne des impressionistes*(Paris, 1981). 동시대를 살았던 시인 보들레르도 일찍이 인상주의 회화의 주제에 주목했다. Charles Baudelaire, *The Painter of Modern Life and Other Essays*, Trans. and ed. Jonathan Mayne(London, 1964).

[3] 인상주의의 독창성에 주목하여 전통으로부터의 단절 쪽에 무게를 둔 연구는 John Rewald, *Histoire de l'Impressionisme*, 2 vols.(New York, 1976)과 Robert L. Herbert, "Impressionism, Originality, and Laissez-faire," *Radical History Review* 38(1987): 7-15; *Impressionism: Art, Leisure, and Parisian Society*(New Haven, 1988), 반대로 앵그르, 쿠르베, 들라크루아와의 화풍의 유사성이나 개인적 친분을 분석해 연속성을 주장한 연구는 Gary Tinterow and Henri Loyrette, *Origins of Impressionism*(New York, 1994).

[4] T. J. Clark, *The Painting of Modern Life: Paris in the Art of Manet and His Followers*(Princeton, 1999); Anne C. Hanson, *Manet and the Modern Tradition*(New Haven, 1977); Theodore Reff, *Manet and Modern Paris*(Washington, 1982).

[5] Edouard Manet(1832~1883). 파리에서 법관의 아들로 태어나 말년에 류머티즘으로 왼쪽 다리를 절단, 열흘 뒤에 사망했다.

포착했다.[6]

허버트[R. Herbert]는 근대도시의 소비와 여가가 인상주의의 중심 주제라고 본다. 19세기 후반은 2차 산업화 시기로 백화점이 주도한 소비문화, 카페문화, 교외로의 철도여행이 새로운 여가로 등장하였다. 물론 그 중심에는 파리가 있다. 이러한 도시의 라이프스타일 때문에 인상주의 회화는 오늘날의 소비대중에게도 무척 친근하다.[7]

한편 노르[P. Nord][8]와 하우스[J. House][9]는 화가들의 정치적 입장을 강조한다. 화가들은 제2제정기인 1860년대와 제3공화정이 불안하게 출범한 1870년대에는 모두 공화주의자였으나, 공화정이 확고하게 정착된 1880년대부터 정치적 입장을 달리하면서 그림의 주제도 변했다는 것이다.

마지막으로 미술이 기록한 의복을 분석한 연구도 흥미롭다. 단순히 복식사를 복원하는 데 그치지 않고, 페로[P. Perrot][10]를 중심으로, 시대의 기호를 읽어내는 작업이 진행

---

6 Clark, *The Painting of Modern Life*, pp.239~243. 동일 역사가의 다른 저서로는 *Farewell to an Idea: Episodes from a History of Modernism*(New Haven, 1999).

7 Herbert, *Impressionism: Art, Leisure, and Parisian Society*.

8 Philip Nord, *Impressionists and Politics: Art and Democracy in the Nineteenth Century*(New York, 2000).

9 John House, *Impressionism: Paint and Politics*(New Haven, 2004).

10 Philippe Perrot, *Le Luxe-une richesse entre faste et confort, XVIII-XIXème siècle*(Paris, 1995); *Le Travail des apparences ou les transformations du corps féminin, XVIII-XIXème siècle*(Paris, 1984); *Les Dessus et les dessous de la bourgeoisie*(Paris, 1981), 이재한 역, 『부르주아 사회와 패션』(현실문화연구, 2007).

중이다. 부르주아 의복에 연구가 국한되는 점은 아쉽지만 문화인류학,[11] 사회학,[12] 정신분석학[13]분야의 성과를 접목시키는 가능성이 열리고 있다.

다양한 성과에도 불구하고 대부분의 연구는 유명한 화가의 대표작에 집중되었다. 이들의 잘 알려지지 않은 작품이나, 같은 유파에 속하지 않는 화가의 작품, 예술적으로 높이 평가받지 못하는 풍자만화는 외면당해왔다.[14] 그 결과 부르주아나 중산층 세계를 넘어서는 노동자의 이미지에 대해서는 연구가 소홀했다. 이 글은 마네, 모네C. Monet, 드가,[15] 르누아르,[16] 반 고흐 등 대표적인 인상주의와 후기인상주의 화가뿐 아니라 특정 유파에 속하지 않는 툴루즈-로트렉, 풍자만화가인 도미에[17]와 스탱랑, 조각가인 뫼니에

---

[11] Ted Polhemus, *Streetstyle, From Sidewalk to Catwalk*(London, 1994), 그리고 Lynn Proctor와 공저인 *Fashion and Anti-Fashion*(London, 1978)을 예로 들 수 있다.

[12] Joanne L. Finkelstein, *After a Fashion*(Melbourne, 1996); Alison Lurie, *The Language of Clothes*(London, 1981).

[13] Kaja Silverman, "Fragments of a Fashionable Discourse," in T. Modleski ed., *Studies in Entertainment: Critical Approaches to Mass Culture*(Bloomington, 1986).

[14] 예외적으로 Joel Isaacson, "Impressionism and Journalistic Illustration," Arts 56(1982), pp.95~115는 인상주의 화가가 그린 신문과 잡지의 삽화에 주목했다.

[15] Edgar Degas(1834~1917). 파리에서 은행가의 아들로 태어났다. 차츰 시력을 잃어 사망 무렵 장님이 되었다. Carol M. Armstrong, *Odd Man Out: Readings of Work and Reputation of Edgar Degas*(Ann Arbor, 1987).

[16] Auguste Renoir. 1841년 재단사의 아들로 태어났다. 대표연구로는 Barbara E. White, *Renoir: His Life, Art, and Letters*(New York, 1984).

[17] Honoré Daumier(1808~1879). 5세 때 유리공인 아버지를 따라 파리로 이주, 어려서부터 공증인 사무실의 급사나 서점 점원으로 일하다, 1830년 『카리카튀르』지의 만화기고가로 데뷔, 1832년 국왕 루이-필리프를 조롱했다는 이유

C. Meunier와 다루J. Dalou 등 다양한 예술가에 의해 파리 노동자의 이미지가 어떻게 형성되었는지를 고찰하고자 한다.

2. 계급 기호로서의 신체

의복은 사회경제적 계급이나 정치적 입장, 성역할을 표시하는 복합적인 기호형식으로 구성된다. 누드가 아닌 이상 "신체는 의복을 통해 가시화되기"[18] 때문이다. 복식의 사회학은 롤랑 바르트에 의해 환기되었고,[19] "근대는 하나의 기호이며 패션은 바로 그 상징"이라는 보드리야르의 명제[20]는 오늘날 패션지에도 인용된다. 개인의 신체는 사적인 것임에도 불구하고 동시에 공적인 가치를 드러내는 무대이며, 근대화 과정에서 공권력의 감시와 통제를 받는 대상으로 부상했음을 바흐친M. Bakhtin은 강조했다.[21]

로 투옥되었다. 언론 탄압으로 1835년 『카리카튀르』가 폐간되자 『샤리바리』로 활동무대를 옮겨 상류층을 풍자하고 하층민의 분노와 고통을 묘사하는 4,000점 이상의 석판화를 남겼다.

18 Silverman, "Fragments of a Fashionable Discourse," p.149.
19 Roland Barthes, "Eléments de sémiologie," *Communications*, n.4(1964); "Histoire et sociologie de vêtement," *Annales, E.S.C.*, n.3(1957): 430~441.
20 Jean Baudriallard, *Le Système des objets*(Paris, 1968) 참조.
21 바흐친(1895~1975), Peter Stallybrass and Allon White, *The Politics and Poetics of Transgression*(1986), "바흐친과 문화 사회사 -위반의 정치학," 여홍상 엮음, 『바흐친과 문화 이론』(문학과 지성사, 1995), pp.138~143.

프랑스 혁명 기간에도 의복은 혁명을 지지하는가, 혹은 반대하는가의 정치적 입장을 공개적으로 드러내는 공적 무대이자 논쟁의 대상이었다.[22] 또 19세기 후속 혁명의 물결 속에서 발자크는 "의상은 모든 상징들 가운데 가장 효력이 있다"[23]고 주장했다.

노동자의 의복을 이해하기 위해서는 우선 부르주아와 비교해야 한다. '부르주아의 세기'인 19세기 동안 검은색은 부르주아 남성의 표식이 되었다. 막스 베버는 19세기의 검은색 남성복은 우상숭배를 거부하는 청교도적 이상과 상품을 단순화하려는 자본주의 대량생산 시스템의 합작품이라고 분석했다.[24]

나아가 청교도 문화에만 국한되지 않는 탈기독교적인 의미가 검은색에 존재한다. 검은 복장은 프랑스 혁명이후 19세기 동안 지속된 민주화, 산업화, 근대화의 주역이라는 자부심 속에서 구체제와의 단절을 선언하는 의복코드였

---

[22] 가슴이나 모자에 삼색휘장을 달고, 붉은 보닛을 쓰는 것이 혁명을 지지하는 입장 표명이었다. 무릎길이의 반바지인 귀족의 퀼로트 대신 긴 바지의 작업복을 입는, 즉 상퀼로트(Sans-culotte, '반바지가 없는') 복장 또한 공화정을 지지하는 복장을 가리키던 것에서, 혁명을 급진화시킨 파리민중으로 의미가 확장됐다.

[23] 발자크는 프랑스 혁명도 값비싼 비단옷과 보통의 옷에 대한 정치논쟁을 일으켰음을 지적했다. H. Balzac, *Traité de la vie élégante*(Paris, 1922, 1830), p.60.

[24] Max Weber, *Die Protestantische Ethik und der Geist des Kapitalismus*, 박종선 역, 『프로테스탄트 윤리와 자본주의 정신』(세계, 1987), pp.225~248. 보드리야르도 검은색, 흰색, 회색을 위엄, 억제, 도덕성의 상징으로 보았다. Baudriallard, *Le Système des objets*, pp.43~44. Guy Richard, *Histoire de l'amour en France: Du Moyen Age à la Belle Epoque*(Paris, 1985).

다.[25] 검은색은 17세기 바로크시대를 풍미했던 황금색, 진녹색, 붉은색 등의 강렬한 색과 반대 극에 있을 뿐 아니라, 18세기 로코코시대의 부드러운 하늘색, 핑크색, 크림색과도[26] 차별화되는 색이다. 오늘날까지도 검은색은 남성정장과 의전용 차량에서 궁극의 색ultimate color으로 군림한다.[27]

드가의 〈면화시장〉[28], 〈증권거래소에서〉[29]는 경제행위가 이루어지는 공적영역에 존재하는 부르주아 남성상을 그렸다. 부르주아는 사회위계에서 위로는 일하지 않고 성적으로 방종한 귀족과 자신을 차별화했다. 동시에 아래로는 가난하고 교육받지 못한 노동자와 구별 짓고자 했다. 이러한 '이중의 차별화'에 적합한 색인 검정은 귀족에게 없는 부르주아의 도덕성과 절제, 동시에 노동자에게 없는 권위와 청결을 상징했다. 검은 실크해트와 연미복, 하얀 셔츠의

---

[25] 물론 검은색이 19세기에 처음 채택된 것은 아니다. 페로는 검은 남성복의 기원을 16세기 스페인의 카를 황제에게서 찾는다. Perrot, *Les Dessus et les dessous de la bourgeoisie*, p.70. 하지만 절대왕정을 무너뜨린 19세기 부르주아에게는 카를 황제보다 3신분 출신인 검은 승복의 루터와 칼뱅이 더 적합한 기원이다.

[26] Germain Bazin, *Baroque et Rococo*(Paris, 1964), 김미성 역, 『바로크와 로코코』(시공사, 2003), pp.105~141, 173~196.

[27] 검은색의 독점적 지위는 자동차에서는 20세기 후반 다양한 색상을 도입한 일본 자동차와 경쟁하기 위해, 포드 자동차사가 검은색만을 고집하던 전통을 포기하면서 약화되었다. 오늘날 의전차량이 검은색인 것은 이러한 변화 속에서도 살아남은 전통이다. Michel Pastoureau, *Bleu*, 고봉만, 김연실 역, 『블루, 색의 역사』(2002).

[28] 1873, 포(Pau)시립미술관. 드가가 뉴올리언스에 있던 형제들을 방문했을 때 그린 그림.

[29] *A La Bourse*, 1879. Musée d'Orsay.

카유보트, 〈파리, 비오는 날〉

날이 선 칼라와 소맷부리는 19세기 부르주아 남성의 유니폼이 되었다.[30]

의복의 선에서도 계급차이는 명확했다. 부르주아 의복은 몸을 과격하게 움직이기에는 부적합하게 재단되어, 육체노동을 하지 않는 신분임을 과시했다. 루리A. Lurie는 둥그스름한 인간의 몸을 직선으로 보이도록 재단하는 남성복을 "도시의 위장복"이라고 부른다.[31] 직선을 강조하는 남성복이 파리시 재개발로 인한 직선 도로, 각진 고층건물의 등장과 시기를 같이 했다는 사실은 흥미롭다.

한편 노동자는 복장을 이용해 사회적 지위를 강조할 필요가 없는 사회계급이다. 노동자에겐 가치기호보다 노동할 때 편한 활동성이 중시됐다. 재킷의 길이는 부르주아의 연미복보다 뒤가 짧고 품이 넉넉하다. 낡아서 팔꿈치와 무릎이 둥글게 변형된 작업복 차림의 노동자는 스탱랑의 그림에서 볼 수 있다. 모네가 철도를 즐겨 그렸듯이, 19세기는 또한 '철도의 세기'였고 철도원은 그 수가 증가일로에 있었다.[32] 스탱랑은 노동자출신 샹송가수인 브뤼앙의 악보 삽화

---

30 Perrot, *Les Dessus et les dessous de la bourgeoisie*, p.76.
31 주변 환경인 건물과 도로에 맞추어 도시주민이 천적으로부터 몸을 숨기거나 먹이에 살며시 다가가기 용이하도록 변형된 복장이라는 주장이다. Lurie, *The Language of Clothes*, p.103.
32 모네, 〈생-라자르(Saint-Lazare) 기차역〉(1877); 〈철교, 아르장퇴유(Argenteuil)〉(1873), 개인소장; 〈아르장퇴유에 있는 철교〉(1874); 피사로(Pissaro), 〈퐁투아즈

를 제작했고, 〈철도원의 찬송가〉도 그 중 하나다.[33] 일하러 가는 가장을 배웅하는 아내의 품에는 젖먹이가 안겨 있고, 옆에는 엄마의 치맛자락을 붙잡은 여자아이가 서 있다.

악보를 포함한 그림에는 상단에 그리스도가 무리를 이끄는 그림을 첨부해 노래제목의 일부인 "찬송가"를 빗대었다. 노래가사는 다음과 같다.

스탱랑, 〈철도원의 찬송가〉

마실 것 전부, 먹을 것 전부
또 곡물과 질 좋은 포도의 수확
누구를 위해서 이 힘든 일을 하나?
이 옆을 지나쳐 달려가는 철도원을 위해…

스탱랑, 〈철도원의 찬송가〉
그림과 악보

토지에 묶인 농민이나 작업장을 떠날 수 없는 일반 노동

(Pontoise)의 철교〉(1873), 개인소장. 인상주의를 포함한 근대미술이 철도역을 개조한 오르세 미술관에 전시된 것도 철도의 근대적 상징성을 존중한 것이다. '철도의 세기'는 Pierre Dauzet, *Le Siècle des chemins de fer en France*(Paris, 1984)에서 차용.

[33] Steinlen, *Alléluia de Cheminot*(1889), *Crauzat*, n.346. 그 후 *Le Mirliton*, n.132, 20(1898, 10월)에는 같은 그림의 채색본이, *Gil Blas Illustré*, quatrième année, n.14. 8(1894, 4월)에는 아내와 두 아이가 첨가된 수정본이 실렸다. Christophe는 먼 길을 떠나는 형상으로 미루어 브뤼앙이 "cheminot(철도원)"라고 했지만, 사실 "chemineau(뜨내기 노동자)"일 것이라 추정한다. 하지만 5장에서 인용될 스탱랑의 〈정치 토론〉에 같은 딸을 데리고 나오는 남자가 철도원 유니폼을 입은 것으로 미루어보면 브뤼앙의 실수가 아니라, Christophe가 후속그림을 못 봤기 때문이라 생각된다. 게다가 브뤼앙이 제대 후 철도회사에 근무했다는 사실도 그가 뜨내기 노동자보다는 철도원에 대해 노래했을 확률을 높여준다. Jacques Christophe, *Steinlen: partitions musicales illustrées, chansons et monologues d'Aristide Bruant*(Lyon, 2004), pp.32~33.

자와 달리, 철도원은 일하면서 길을 달린다는 자유로운 직업특성의 자부심이 드러나는 대목이다.[34]

3. 손을 보면 인생을 안다

손을 보면 그 사람이 살아온 인생을 알 수 있다는 말이 있다. 남성이건 여성이건 노동자의 손은 부르주아의 손보다 거칠고 크다. 카유보트의 〈대패공〉은 육체노동자의 손을 사실적으로 보여준다.[35] 대패질을 하느라 마디가 굵은 손가락은 검게 변색돼있다. 금동조각인 뫼니에의 〈제철공들〉(1893)과 다루의 〈대장장이〉 또한 육체노동의 흔적이 지문처럼 새겨진 손에 주목했다.[36] 인물과 배경을 2차원으로 재현하는 회화보다, 배경을 생략하고 인체만을 3차원으로 표현하는 조각의 특성상 손은 더 강조된다.

카유보트, 〈대패공〉

여성노동자 중에서는 세탁부를 주목할 필요가 있다. 이들은 1차 산업 혁명의 선도 분야인 직물업의 발달과 함께

---

34 Christophe, *Steinlen*, p.32. Lisa Appignanesi, *The Cabaret*(London, 2004), pp.35~38.

35 1875, Musée d'Orsay. 카유보트에 관해서는 Marie Berhaut, *Gustave Caillebotte: sa vie et son oeuvre*(Paris, 1978) 참조.

36 Musée d'Orsay 소장.

수가 증가했다. 부르주아 가정은 커튼, 태피스트리, 각종 천 덮개와 침대보뿐 아니라, 여러 겹을 겹쳐 입는 폭이 넓은 치마 등 섬유제품의 주 소비처였다. 직물의 과잉공급이라는 19세기의 산업생산구조와 부르주아의 새로운 취향[37]이 맞아떨어지면서 범람했던 섬유제품을 세탁하고 다림질할 세탁부는 필수적인 노동자집단이 되었다. 물에 젖어 한층 더 무거워진 세탁물, 거친 세제와 씨름하는 이들의 손은 남성처럼 크다.[38]

툴루즈-로트렉, 〈세탁부〉

손은 노동할 때뿐 아니라 쉴 때도 무언의 말을 한다. 반 고흐가 평생에 걸쳐 그렸던 〈울고 있는 노인〉[39]의 주제는 광부를 넘어선 육체노동자 일반을 대표한다. 나이든 노동자의 피로와 슬픔은 얼굴이 아니라 이를 가린 손으로 표현된다. 화가가 동생 테오에게 보낸 편지는 광부의 삶을 구체적으로 묘사한다.

> 광부들은 두레박을 타고 지하 500~700미터를 내려간다. 그곳에서 위를 올려다보면 하늘이 별빛만큼 어렴풋이 보인다. (중략)

---

37 Veblen, *Théorie de la classe de loisir*(Paris, 1970); Perrot, *Le Luxe-une richesse entre taste et confort XVIII-XIXe siècle*.

38 도미에, 〈짐〉(1860), 유화, 개인소장; 〈세탁부〉(1863); 드가, 〈다림질 하는 여인〉(1873~1874), Metropolitan Museum of Art, New York; 툴루즈-로트렉, 〈세탁부〉(1889).

39 〈울고 있는 노인〉(1882), 흑백, 〈양손에 얼굴을 묻고 있는 노인〉(1890), 칼라, Pascal Bonafoux, *Van Gogh, le soleil en face*(Paris, 1987).

반 고흐, 〈울고 있는 노인〉

반 고흐, 〈얼굴을 손에 묻고 있는 노인〉

광부들은 열 때문에 몸이 여위었고, 핏기가 없다. 피로에 지친 무기력한 모습으로 피부는 거무죽죽하고 조기 노화했다.[40]

당대 사회문제를 다룬 소설로 화가들에게 지대한 영향을 끼친 졸라의 대표작 『제르미날』은 반 고흐가 그린 보리나주 지역의 광부를 다루었다. 광부 특유의 구부러진 등과 거친 손은 반 고흐가 즐겨 모사했던 밀레의 농부를 연상시킨다. 밀레의 〈만종〉에서 기도하는 농부의 손에는 일용할 양식을 얻는 운명을 받아들이는 숭고함이 있다.[41] 농부는

---

[40] 1881년 4월 테오에게 보낸 편지, *The Complete Letters of Vincent Van Gogh*. 반 고흐는 1878년 몽스와 프랑스 국경 사이에 있는 보리나주의 광부들에게 복음을 전하며 그들을 스케치했다. 〈어깨에 삽을 메고 있는 사람〉(1879); 〈귀가하는 광부들〉(1881).

[41] Jean-François Millet, 〈이삭줍기〉는 추수 후 남겨진 낱알을 손으로 집어내는

늙어서도 토지에서 나는 수확물로 근근이 살아갈 것이다. 하지만 은퇴한 광부는 살아갈 길이 막막하다. 노동 강도의 유사함에도 불구하고 화가들이 그린 농부가 목가적으로 해석되는 건 우리의 무의식이 이러한 차이를 알기 때문일지도 모른다. 늙은 광부의 절망적 이미지는 가장 예리한 현실보고서다.

화가들은 때론 노동자의 손을 아예 그리지 않음으로써 삶의 고단함을 표현했다. 〈압생트〉[42]에서도 드가는 여인의 손을 그리지 않아 미완성작품처럼 보일 정도다. 물론 드가는 점차 시력을 잃어가면서 발레리나 세탁부를 그릴 때도 손의 세부 윤곽을 무시했다. 하지만 젊은 시절의 드가를 포함해[43] 화가들이 부르주아의 손을 그릴 때는 노동자를 그릴 때와 달랐다.

부르주아의 손을 그릴 때는 세 가지 공통점이 발견된다. 첫째, 잘 다듬어진 흰 손을 부르주아의 검은 양복과 대비시켰다. 둘째, 손목의 각도와 손가락의 힘줄까지 때론 얼굴

고된 노동을, 〈만종〉(1857~1859)은 그런 운명을 견뎌내는 모습을 그렸다. 노르는 밀레의 농부를 "성서적"이라고 했다. Nord, *Impressionist and Politics*, p.84.

[42] Degas, *Absinthe*(1875~76), Musée d'Orsay. 〈카페에서〉란 제목으로 불리기도 한다. 여배우 Hélèn Andrée와 예술가 Marcellin Desboutin이 행인과 알콜 중독자로 포즈를 취했다. 장소는 1870년대 중반 화가와 작가가 모이던 Café de la Nouvelle-Athènes이다. Belinda Thomson, *Impressionism, Origins, Practice, Reception*(New York, 2000), p.181.

[43] *Duke and Duchess of Morbilli*, 1867, Museum of Fine Arts, Boston. 공작부인은 드가의 누이이고 공작은 사촌이다. Keith Roberts, *Degas*(New York 1982), p.42.

보다도 손을 정교하게 그렸다.[44] 셋째, 흥미롭게도 '남성의 손'을 여성의 손보다 더 즐겨 그렸다. 부르주아 여성의 눈이 불안한 감성을 담는 그릇이었다면,[45] 부르주아 남성의 손은 지성과 사회적 위치를 나타내는 도구로 기능했다.

볼디니, 〈로베르 드 몽테스키우 백작〉

볼디니 G. Boldini[46]의 〈로베르 드 몽테스키우 백작〉[47]의 손은 손목에서 우아한 각도를 그리며 지팡이를 쥐고 있다. 세기말 유미주의를 대표하는 위스망스 소설의 주인공, 데제생트 공작[48]의 손을 이미지화하면 이와 흡사할 것이다. 팡탱-라투르의 〈바티뇰의 화실〉에는 마네, 르누아르, 모네와 소설가 졸라가 모델로 등장한다.[49] 초상화를 그리며 의견을 교환하는 마네의 손, 진지한 대화를 나누며 가슴께로 올라온 졸라의 손은 이들의 지적 능력을 강조해준다. 청각이 아닌 시각에 의존하는 매체인 회화이기에 손의 의사전달 기능이 더 중요해지는 것이다.

물론 남성의 손은 은밀한 제안을 할 때도 사용됐고, 마

---

[44] Manet, *Café-Concert*(1879), Walter's Art Gallery, Baltimore가 대표적 예다.
[45] 19세기 회화에 나타나는 여성의 눈에 관한 분석은 Stephen Kern, *Eyes of Love: The Gaze in English and French Paintings and Novels 1840-1900*, 남경태 역, 『문학과 예술의 문화사』(휴머니스트, 2005) 참조.
[46] Ferrara출신으로 1872년부터 파리에 정착해서 상류층의 초상화가로 활약했다. Françoise Bayle, *Orsay*(Paris, 2002), p.79.
[47] Giovanni Boldini, *Comte Robert de Montesquiou*(1897), Musée d'Orsay.
[48] Joris-Karl Huysmans, *A Rebours*(Paris, 1884)의 주인공.
[49] Henri Fantin-Latour, *A Studio in Les Batignolles*(1870), Musée d'Orsay.

네는 이 순간을 놓치지 않았다. 〈카페-콩세르〉,[50] 〈오페라 극장에서의 가면무도회〉[51]에서 매춘여성에게 은밀한 거래를 제안하는[52] 남성의 손은 그 어떤 신체부위보다 시선을 끈다. 19세기는 부르주아의 세기, 철도의 세기라는 별칭 외에도 서구역사상 그 어느 때보다 성매매가 폭증한 매춘의 세기였다.

팡탱-라투르, 〈바티뇰의 화실〉. 그림 그리는 마네, 오른쪽 끝의 모네, 가운데 오른손을 들고 있는 소설가 에밀 졸라가 모여있다.

화가가 노동자와 부르주아의 손을 과장해서 표현했을 가능성도 배제할 수는 없다. 특정 주제를 선택하는 순간부터 화가는 온전히 객관적일 수 없다. 하물며 사실주의가 아닌 인상주의를 표방하는 화가나 생략과 과장이 기본인 풍자 만화가의 경우에는 더욱 그러하다. 하지만 화가가 포착한 특징은 클로즈업, 보색대비, 빛과 그늘 효과를 이용할 때 보다 쉽게 일반인의 인식영역으로 진입한다. 역사가

---

50 *Café-Concert*(1879), Walter's Art Gallery, Baltimore.
51 1873~1874. National Art Gallery, Washington DC.
52 여자들이 쓴 가면이 오히려 이들의 용모와 신분에 대한 궁금증을 증폭하게 만들며, 은밀한 성적거래를 나타낸다. L. Noklin, "Manet's *Masked Ball at the Opera*," *The Politics of Vision: Essays on Nineteenth-century Art and Society*(New York, 1989), p.86; Kern, Eyes of Love, p.159 재인용.

의 관심 밖에 있던 손은[53] 19세기 화가들에 의해 계급차이를 드러내는 기호로 재해석되었다.

4. 부르주아 여가 vs 노동자 여가

부르주아와 노동자의 여가문화에 관한 이미지를 비교해보자. 부르주아의 여가공간에는 노동계급 여성이 존재한다. 반면 노동자의 여가공간에는 부르주아 여성이 존재하지 않는다. 노동계급 여성은 부르주아 남성을 위해 일하지만, 부르주아 여성은 가정을 떠나지 않기 때문이다.

목가적인 파리 교외의 카페 모습은 르누아르의 〈안토니 부인의 여인숙〉[54]에서 엿볼 수 있다. 종업원 나나는 테이블을 치우고 있다. 그녀는 르누아르가 그린 다른 여성들과 다르다. 같은 화가의 〈피아노 치는 두 소녀〉(1882)처럼 맑은 눈망울의 부르주아 여성은 가난과 노동이라는 낯선 세상에 노출될 위험이 없다. 하지만 나나는 입을 굳게 다문 채 남자 손님과 눈을 마주치지 않는다. 르누아르 작품 중 여성의

---

[53] Scott Haine, *World of the Paris Cafe*는 남성 노동자의 불끈 쥔 손이 사회저항성을 상징한다고 주장, 관심을 보인 드문 경우다.

[54] Renoir, *At the Inn of Mother Anthony*, 1866. National Museum, Stockholm. 얼굴이 보이는 두 명은 르누아르의 친구이자 화가인 Jules Le Coeur와 Bos이고 등을 보이고 앉은 남성은 화가 Sisley이다. Herbert, *Impressionism: Art, Leisure, and Parisian Society*, pp.249~251.

눈망울이 보이지 않는 드문 작품이다.[55] 나나 방식의 거리두기이자 자기방어다. 테이블 주위에 앉은 남자들은 공화파 신문인『레벤망*L'Événement*』[56]을 펼쳐놓고 대화중이다. 부르주아 남성은 정치와 여가의 세계를, 나나는 노동과 빈곤의 세계를 상징한다.

파리의 인기 있는 술집과 오페라 극장 풍경은 마네의 그림으로 기록되었다. 〈폴리 베르제르의 술집〉은 복잡한 표정의 여종업원을,[57] 〈오페라 극장에서의 가면무도회〉와 졸라의 동명소설에서 영감을 받은 〈나나〉는[58] 매춘여성과 부

---

[55] 소박한 교외의 삶을 선호했던 초기 그림으로 인물표현에 쿠르베의 영향이 남아 있기 때문이기도 하다. Herbert, *Impressionism*, pp.249~251. 19세기 회화에서 시선의 중요성에 대해서는 Kern, *Eyes of Love*.

[56] Paul Cézanne, *Père de l'artiste*, 1866도 같은 신문을 읽는 아버지를 그려 공화파를 지지하는 정치적 입장을 내비쳤다. 1866년은 제2제국 정부가 검열을 완화한 해이자, 졸라가 같은 신문에서 마네와 모네를 옹호한 해였다. 1860~70년대에는 세잔, 마네, 드가, 모네와 르누아르 모두가 공화파였다. 그러나 1880~90년대 드레퓌스 사건을 계기로 극렬하게 대립했다. 피사로는 아나키스트, 드가는 반유대주의 민족주의자, 세잔은 가톨릭 옹호자가 되었다. 모네만이 클레망소를 지지하는 공화파로 남았다. Nord, *Impressionists and Politics*, pp.5~9, 27, 31~44, 96~99.

[57] 〈폴리 베르제르의 술집〉에 관해서는 Bradford R. Collins ed., *Twelve Views of Manet's Bar*(Baltimore, 1996)의 분석 참조.

[58] 1877년 작인 마네의 〈나나〉는 졸라가 1876년 *L'Assommoir*에 등장시킨 동명의 인물에서 영감을 받은 것으로 추정된다. 자연주의 소설은 화가에게 영향을 주었고, 그 역 또한 성립했다. 드가와 보들레르가 여성에 대한 낭만적 혐오감을 공유한 것은 유명하다. Norma Broude, "Degas's 'Misogyny,'" *Art Bulletin* 59(1977): 97~107. 그 외에도 모파상(Maupassant)은 창녀촌에 관한 소설인 *La Maison Tellier*에 드가의 〈단골손님〉(1879), 〈마담의 생일〉(1879)을 삽화로 사용했다. Edward Lucie-Smith, *Sexuality in Western Art*, 이하림 역, 『서양미술의 섹슈얼리티』(시공사, 2003), pp.128~129.

스탱랑, 〈정치토론〉   스탱랑, 〈주먹을 날리는 남자〉

르주아 남성고객이라는 역사의 이면을 보여준다.

다양한 여가를 즐기는 부르주아에 비해, 노동자는 근처의 카페에서 대부분의 여가시간을 보냈다. 스탱랑은 노동자의 카페 문화를 즐겨 그렸다. 〈정치 토론〉의 젊은 남자는 "만약 그 일이 내게 주어졌다면, 만약 내가 정부에 있었다면…"하고 정치를 비판한다.[59] 〈주먹을 날리는 사람〉(1894)[60]은 논쟁이 격화되자 한 남자가 주먹을 휘두른다. 스탱랑은 이 남자만 따로 떼어내서 다양한 포즈를 그렸다. 시비를 걸듯 턱을 쳐들고 팔짱을 낀 포즈, 무언가 항의하느라 손바닥을 보이며 팔을 내민 포즈, 팔을 걷어붙이는 포

---

[59] Steinlen, *Dans la vie*(Paris, 1901), Haine, *World of the Paris Cafe*, p.xx.
[60] "Casseur de gueules," *Mirliton*, dixième année, n.13, 30 mars 1894. Christophe, *Steinlen*, p.119.

즈, 주먹을 날리는 포즈, 화가 가라앉았는지 미안한 표정으로 팔을 내린 포즈의 연작이다.[61] 이 남자의 줄무늬 바지는 프랑스 혁명기의 파리민중인 상퀼로트의 복장이자, 얼룩이 잘 보이지 않는 특성으로 노동자 복장으로 계승된 하층민 의복의 역사를 보여준다.

프랑스 혁명의 바스티유 함락사건 기념일에 화가들은 이를 축하하는 포스터를 제작했다. 랑고의 포스터에서 노동자 카페의 주인이 포도주를 따르며 혁명을 기념한다.[62] 스탱랑도 "오늘의 영웅인 위대한 유권자가 그의 대표들을 준비한다."는 문구가 적힌 포스터를 제작했다. 스탠드바 위에 술잔을 일렬로 늘어놓고 커다란 술병을 든 카페 주인이 주인공이다. 앞의 카페 그림에서도 등장했던 카페 주인과 비슷한 거구의 몸, 동일한 베레모와 검은 조끼, 소매를 걷어 올린 굵은 팔뚝, 콧수염으로 보아 카페주인의 표준적 모습이라고 추정된다.[63] 대포는 속어로 술잔을, 위대한 유권자는 상퀼로트의 후예를 의미한다.[64]

산업화 이전이었던 프랑스 혁명기, 상퀼로트라는 사회집단에는 소수의 견습공도 있었지만 대부분이 골목 어

---

61 *Dans la rue 1*(Paris, 1888), pp.193~196.
62 Lengo, "La Fête nationale," *L'Assiette au beurre*, no. 120, 18 juillet 1903 표지 그림.
63 Steinlen, "14 Juillet," *L'Assiette au beurre*, no. 120, 18 juillet 1903.
64 Haine, *The World of the Paris Café*, p.xviii.

귀의 작은 빵집, 생선가게 등을 운영하는 소상점주인small shopkeepers이었다. 카페 주인은 19세기 말 성직자를 대신해서 노동자 네 쌍 중 한 쌍의 결혼식을 주관하고 피로연에도 참석하였다.[65] 카페 주인이 노동계급이 아니라 소부르주아라는 점을 들어 카페문화를 노동자문화가 아닌 지역문화로 보는 의견도 있다.[66] 하지만 부르주아 카페 주인과 노동자 카페의 주인은 다르다. 둘 다 소상점주인이라는 계급적 범주는 같을지라도, 후자는 노동자의 문화와 일상을 공유하기 때문이다.

노동자도 은밀한 곳을 방문했다. 스탱랑은 은밀한 곳을 방문한 노동자와 부르주아를 익살스럽게 비교했다. 〈단골손님들의 노래〉[67]는 부르주아와 노동자 손님이 줄을 서서 기다리는 모습을 위, 아래로 나란히 그렸다. 풍자만화 하단에는 다음 문구가 있

스탱랑, 〈단골손님들의 노래〉
"높으신" 손님들(부르주아)과 풋내기 손님들(노동자)

---

[65] Haine, "Publicans: From Shopkeepers to Social Entrepreneurs," *The World of the Paris Café*, pp.118~149.

[66] R. Gould, *Insurgent Identities: Class, Community and Protest in Paris from 1848 to the Commune*(Chicago, 1995).

[67] Steinlen, *Chanson des michetons, Dans la rue 2*(Paris, 1895), pp.142~143에 부르주아 고객의 행렬이, pp.144~145에 노동자의 행렬이 실렸다. 같은 시리즈의 그림은 Christophe, *Steinlen*, pp.123~124 참조. 브뤼앙의 샹송집인 *Dans la rue*에는 노래 악보, 가사, 첨부된 삽화가 실렸다. 1권은 1888년에, 2권은 1895년에 출판되었다.

다. "엄청나게 돈이 많은 '높으신' 단골손님들이…우리 풋내기들에게 비웃음을 날린다."[68] "높으신" 손님들은 검은색 연미복에 넥타이를 매고 있다. 몇몇은 외눈 안경을 쓰고 있다.

반면 노동자들은 밀짚모자, 베레모, 낡은 중절모 등 모자도 각각이고, 상의도 단색에서부터 줄무늬, 격자무늬까지 분방한 모습이다. 수염도 대충 길렀거나 면도한 지 오래돼서 입 주변 전체가 거무스름하고, 초췌한 얼굴에서는 피로가 배어나온다.

화가들은 노동자의 특징을 잡아 기억에 남을 이미지를 재현했다. 화가들이 대비시킨 부르주아와 노동자의 이미지는 신문, 잡지, 포스터, 석판화나 동판화의 원본 전시, 화랑 혹은 센 강변의 길거리 전시를 통해 사회에 전달되었다. 화가의 작품은 노동자에게 자신의 거울 이미지로 비쳤고, 이를 마주봄으로써 노동자는 시각적 차원의 계급정체성을 확인한 것이다.

5. 여주인과 세탁부

빈곤과 노동의 세계에 속한 여성노동자는 사회적 역할

---

68 Christophe, *Steinlen*, p.124.

이나 외양에서 남성 노동자와 별 차이가 나지 않았다. 반면 풍요와 여가의 세계에 속한 부르주아 여성은 남성과 그 어느 때보다도 차별화되었다. 두 계급 여성 사이의 거리를 이해하기 위해서 역사적 배경을 언급할 필요가 있다.

실버만은 19세기의 검은색 남성복과 유행이 수시로 바뀌어 경박한 이미지를 갖는 여성복이라는 남녀의 상반된 의복코드는 주체성을 표현하는 방식에 변화가 일어났기 때문이라고 주장한다.[69] 부르주아 남성과 여성의 젠더 차이는 근대 이전보다 이후에 역할과 복장에서 더 강화되었다. 그 배경에는 공적영역과 사적영역의 분리라는 근대적 특성이 존재한다.

19세기 민주화 과정에서 선거권이 남성의 특권이 되면서, 의회나 정치클럽처럼 남성이 속하는 공적영역과 정치와는 무관한 가정이라는 사적영역이 분리되었다. 왕의 집이자 정치가 행해진 베르사유 궁에 모든 기능이 혼재되었던 시대는 막을 내렸다. 경제 분야에서도 수입을 창출하는 사업장과 그 수입을 소비할 뿐인 가정이 분리되었다. 해가 뜨면 남녀노소가 모두 일어나 밭에 나가 공동노동을 했던 시대, 일터의 노동과 가사노동을 나누는 것 자체가 무의미했던 시대가 끝난 것이다. 정치에 참여한 구체제 여성의 마지막 상징인 마리 앙투아네트 왕비가 혁명의 공포정치 시

---

69 Silverman, "Fragments of a Fashionable Discourse," pp.139~152.

기에 처형되고, 혁명을 지지했
던 여성 자코뱅 클럽마저 폐쇄
되면서 여성은 20세기 중엽인
2차 대전 후에 선거권이 주어
지기까지 공적영역에서 추방
된다.[70]

부르주아 남성은 구체제와
단절된 산업화와 민주정치의
주역이라는 근대 역사발전의 기호를 의복에 담아냈다. 반
면 여성은 남편의 경제적 능력을 드러내는 대리 역할을 담
당했다.[71] 그 결과 여성은 구체제의 로코코 스타일을 재현
한 의상과 구체제의 나태한 가치 또한 물려받았다. 부르주
아 여성은 근대사에서 소외된 성장지체 집단이었다.[72] 특
히 투르뉘르tournure[73]나 크리놀린crinoline을 넣어 엉덩이를 부

도미에, 〈크리놀린을 입었
을 때의 위험〉. 19세기 여
성의 시대착오적인 로코코
의상을 조롱하는 풍자 만
화다.

---

70 Madelyn Gutwirth, *The Twilight of the Goddesses: Women and Representation in the French Revolutionary Era*(New Brunswick, 1992); Joann B. Landes, *Women and the Public Sphere in the Age of the French Revolution*(Ithaca, 1988).

71 여성을 치장함으로써 남성의 능력을 과시하려는 욕망은 정신분석학에서 자기애와 노출증의 욕망이 극복되지 못해 여성에게 돌려진 현상으로 해석된다. Thorstein Veblen, *A Theory of the Leisure Class*(New York, 1899). Joanne L. Finkelstein, *After a Fashion*(Melbourne, 1996).

72 르누아르, 〈그네〉는 퐁파두르 부인(Maurice Quentin de La Tour, *Madame Pontpadour*, Louvre)의 19세기 판본인 양 유사하다. 19세기 말은 복식사에서도 제2의 로코코라 불린다. Max von Boehn, *Die Monde*, 천미수 역, 《패션의 역사》 2권(한길아트, 2000), p.284.

73 영어권에선 버슬(bustle)이라 불림. 철사나 동물 뼈를 이용한 받침대로 엉덩이나 골반 쪽을 부풀리기 위한 의상 보조 장치로 로코코 시대의 파니에, 19

풀린 복장은 도미에가 풍자했을[74] 만큼 시대착오적인 패션이었다. 서로 다른 가치를 추구하며, 다른 세계에 사는 부르주아 남녀 사이에 친밀감, 동류의식, 지속적인 사랑과 행복이 자라나기는 힘들었다.

베로, 〈오페라 극장 복도에서의 언쟁〉

베로, 〈오페라극장 복도에서의 언쟁〉[75]은 검은 연미복 차림의 남성들 사이에 로코코 복장의 여성을 배치했다. 레이스와 리본, 밝은 색 드레스만으로도 부르주아 여성이 근대남성들 사이에서 얼마나 이질적인 존재인지가 드러난다. 르누아르의 〈도시에서의 춤〉[76], 마네의 〈발코니〉[77]도 검은 남성복과 풍성한 흰 드레스를 대비시켰다. 20세기 코코 샤넬이 로코코풍의 드레스에 종지부를 찍고 단순하게 재단된 검은 드레스를, 뒤이어 이브 생 로랑이 바지정장과 턱시도를 여성에게 선물하는 시점에 가서야 비로소 여성복은

세기 중반의 크리놀린의 뒤를 잇는다. Agnes B. Young, *Returning Cycles of Fashion*(1966), Perrot, *Les Dessus et les dessous de la bourgeoisie*, pp.50~51에서 재인용.

74 도미에, 〈크리놀린을 입었을 때의 위험〉(1857)은 크리놀린으로 부풀린 치마가 돌풍에 휘말려 날아가는 여인을, 〈화류계 여성〉(1855)은 치마가 마차 문에 끼어 움직이지 못하는 여인을, 〈눈 내리는 날의 크리놀린〉(1858)은 우산으로 가려지지 않는 엉덩이 자락에 눈이 쌓이고 있는 여인을 기이하게 여기며 쳐다보는 청소부 노파를 그렸다.

75 Jean Béraud, *Altercation dans les couloirs de l'Opéra*, 1889.

76 르누아르가 이 그림과 한 쌍으로 그린 〈시골에서의 춤〉(1883)은 꽃무늬가 프린트된 드레스에 투박한 소털 색 장갑을 낀 여인과 짧은 감색재킷을 입고 밀짚모자를 머리에서 막 떨어뜨린 남자가 등장한다. 도시 커플보다 남녀의 대조는 완화된다.

77 1869. Musée d'Orsay.

근대화 과정에서 뒤처진 세월을 따라잡게 된다.

보드리야르는 현대사회 여성 모델이 상처 없이 매끈한 피부에, 성욕을 가지고 있지도 않으며, 외부로부터의 공격에서 격리된 사물로서의 신체를 갖는데, 이 단계에서 신체는 감시의 대상이 된다고 주장한다.[78] 가정에 갇혀 있다가 화려하게 치장하고 남편 옆에 서야 했던 19세기 부르주아 여성만큼 이 정의에 잘 맞는 역사적 선례를 찾기도 어렵다.

부르주아 계급의 여자아이에 대해서도 화가는 표준적 이미지를 만들었다. 빗질이 잘된 긴 머리, 고급 옷, 장밋빛 뺨과 순진한 눈동자가 계급을 상징했다. 르누아르의 〈물 뿌리개를 들고 있는 소녀〉, 〈샤르팡티에 부인과 아이들〉, 〈그네〉, 마네의 〈철도〉, 모네의 〈모네의 집〉, 〈모네의 정원〉[79], 여류화가인 모리조[80]와 커샛[81]이 그린 부모와 어린 자녀 사이의 한가로운 시간이 부르주아 계급의 보호받는 여자아이를 묘사한다.

〈아를에 있는 반 고흐의 방〉(1889)에는 침대와 작은 테이블, 팔걸이 없는 나무의자 두 개가 가구의 전부이다. 직

---

[78] 보드리야르, 『소비의 사회』(문예출판사, 1992), pp.212~215.

[79] Renoir, *Balançoire*(1876), Musée d'Orsay; Manet, *The Railroad*(1873), National Gallery, Washington; Monet, *Monet's House at Argenteuil*(1873), Art Institute of Chicago; Monet, *Monet's Garden at Vétheuil*(1881), National Gallery, Washington.

[80] Berthe Morisot, *Hide and Sick*(1873); *The Butterfly Chase*(1874), Musée d'Orsay; *Eugène Manet and Daughter at Bougival*(1881), 개인소장품.

[81] Mary Cassatt, *Woman and Child Driving*(1881), Philadelphia Museum of Art.

물이 과잉 공급된 19세기임에도 창에는 커튼도 없다. 반면 모리조B. Morisot나 카유보트가 묘사한 부르주아의 실내풍경은 모슬린과 레이스, 벨벳 등 다양한 천의 커튼이 창에 겹겹이 드리워져 있다.[82] 넘쳐나는 섬유제품은 부르주아의 새로운 취향인 동시에 세탁부에겐 노동 대상이다.

졸라는 소설 『목로주점』에서 세탁부의 삶에 주목했다.[83] 그 영향을 받은 도미에,[84] 드가, 툴루즈-로트렉도 세탁부를 주제로 여러 작품을 남겼다.[85] 화폭에는 세탁부만이 등장한다. 하지만 누구를 위해 일하는지 의문이 제기된다. 결국 부르주아 가족을 떠올리게 되고 노동을 사는 사람과 파는 사람, 그 계급관계가 표면 아래에서 올라온다.

노동계급 여성은 의복에서나, 근육이 발달된 육체에서나 부르주아 여성에 비해 젠더 특징이 명확하지 않다. 이들에게 임금노동이 행해지는 작업장과 무보수 가사노동을 해야 하는 가정의 구분이 모호해지는 만큼, 공적·사적 영

---

82 Morisot, *Interior*(1872), 개인소장; Morisot, *Eugène Manet on the Isle of Wight*(1875), 개인소장; Caillebotte, *Interior, Woman at the Window*(1880), 개인소장.

83 Zola, *L'Assommoir*(1877).

84 보들레르는 일과 후 노동자의 피로를 스케치한 도미에의 풍자만화를 보고, "한 번 흘깃 보기만 해도 이해가 되는" 훌륭한 표현이라고 감탄했다. Bayle, *Orsay*, p.19.

85 Eunice Lipton, "The Laundress in Late Nineteenth-Century French Culture: Imagery, Ideology, and Edgar Degas," *Art History* 3(1980), pp.295~313. 〈다림질하는 여인〉(1873~1874); 〈다림질하는 여인〉(1880), Walker Art Gallery, Liverpool; 〈세탁소의 한 장면〉(1884), Glasgow Museum and Arts Galleries.

역의 분리나 각 영역에 속한 남성/여성의 역할 차이가 명확하지 않기 때문이다.

도미에의 〈짐〉은 세탁부가 세탁물 바구니를 들고 뛰는 순간을 포착했다. 짐의 무게를 지탱하기 위해 엄마는 상체를 반대쪽으로 기울여 힘겹게 무게중심을 잡고 있다. 얼굴을 때리는 찬바람이 따가운 듯 고개를 숙인 꼬마는 엄마의 치마를 붙잡고 종종걸음을 친다. 노동계급의 아이는 학교나 가정이 아닌 일터에 부모를 따라 나온다. 돌봐줄 사람이 없기 때문이다.

도미에, 〈짐〉

앞서 본 스탱랑의 〈철도원의 찬송가〉에는 치마를 입은 걸로 미루어 여자로 짐작되는 아이가 등장한다. 하지만 빗질하지 않은 짧은 까치머리는 아이의 성별을 모호하게 만든다. 〈정치토론〉에는 늙은 아버지 옆에 한 소녀가 등장한다. 〈철도원의 찬송가〉의 아이가 좀 더 자란 모습이다. 철도원으로 추정되는 아버지의 깊은 주름과 흰 수염, 굽은 허리는 은퇴를 앞두고 있음을 알려준다. 활기찬 카페 손님들과 달리 그는 구석의 빈 의자를 바라본다. 소녀가 돈을 벌어야 할 날이 멀지 않은 듯하다. 〈주먹을 휘두르는 남자〉와 등장인물과 구도가 비슷한 이 그림에 새롭게 삽입된 건 소녀와 의자, 변한 건 늙은 아버지다. 그리고 이 지점에서 부르주아 소녀와는 길을 달리할 노동계급 소녀의 운명은 화가가 존경해 마지않던 졸라의 소설에서 독자를 불안하게 만드는 복선처럼 우연을 가장해 침투한다.

6. 마치며

작은 포도밭, 포장되지 않은 흙길로 한적했던 몽마르트르는 19세기 말 예술가, 카바레와 카페를 방문하는 부르주아, 새로운 거주민인 노동자가 공존하는 독특한 공간으로 탄생했다. 스스로 '잘 보는 사람'이면서 남에게도 '잘 보이게 하는 사람'인 화가는 근대적 일상에서 볼 수 있는 부르주아와 노동자의 신체와 문화 차이를 간파했다. 이들이 시각화한 파리 노동자의 이미지는 파리 곳곳에서 열리는 전시회, 조직에 속했거나 독립적으로 활동하는 판매상들로 인해 규모가 커진 미술시장, 검열법 폐지 이후 폭증한 신문과 잡지의 풍자만화, 거리에 나붙은 카페 공연 포스터 등의 다양한 통로로 사회에 전시되었다.

19세기 후반은 2차 산업화 과정에서 노동자가 하나의 계급으로 형성되는 동시에, 1830년 이래 1848년과 1871년에 발생한 일련의 혁명을 급진화한 "위험한 계급"으로 지목된 시기였다. 몽마르트르 화가가 시각화한 노동자의 이미지는 화가들의 편차만큼이나 다양하게 사회적 논의에 이용되었기에 단일한 결론을 내릴 수는 없다. 하지만 분명한 점은 이미지의 세계에서 낯선 타자였던 사회하층민이 이처럼 방대한 규모로 진입한 시기는 처음이라는 사실이다.[86] 1848년 남성보통선거권이 주어지면서 근대 정치무대의 전면에 노동자가 등장했듯이, 지배층의 전유물이던 미술세계에도 노동자가 가장 근대적인 주제로 떠오른 것이다. 이로써 19세기 말 부르주아와 노동자라는 두 계급은 정치뿐 아니라, 이미지의 영역에서도 대립하게 되었다.

노동자의 대립항인 부르주아의 신체는 한편으로는 귀족의 화려함에 반발하듯 검은 정장에 근면함, 절제, 도덕성을 기호화했고, 다른 한편으로는 로코코 시대의 부활이라는 착각이 들 정도로 화려하게 치장된 아내와 딸을 동원해서 노동자와 차별화되는 부를 과시했다. 부르주아 남성복은 구체제와의 단절을 상징하는 기호로서 굳혀졌다.

반면 카유보트나 반 고흐가 보여주듯이 노동자의 신체는 강도 높은 노동을 하는 손, 근육이 발달한 팔, 그리고 세월이 지나면서 구부정해지는 등을 특징으로 하였다. 남녀의 신체를 표현하는 의복의 차이는 부르주아 계급에 비해 모호했다. 특히 세탁부는 여성이 가족의 보조 수입원, 혹은 가장의 실직이나 부재로 인해 주 수입원으로서 일해야 하는 운명에 처한 집단이었다. 노동계급 중에서도 가장 낮은 계층이었던 이들은 그리하여 자연주의 소설가인 졸라 뿐 아니라, 그와 영향을 주고받았던 도미에, 드가, 툴루즈-로트렉의 손끝에서 세기말 가장 소외된 노동자로 기록되었다.

---

[86] 16세기 P. 브뤼헐이 농민을 주제로 그렸지만, 그때만 해도 하층민을 주제로 한 것은 예외적인 일이었다.

노동자는 일과 후 노동자 카페에 모여 여가를 즐기는 동시에 계급정체성과 정치의식을 발전시켰지만, 일자리를 잃은 늙은 노동자는 난롯가에서 가난과 고독에 절망했다. 노년에 다리를 절단한 마네와 실명한 드가는 젊은 시절의 방탕함으로 매독에 걸렸다고 오해해, 술집 여종업원이나 세탁부에게 자신들의 상실감을 투영했다. 툴루즈-로트렉과 반 고흐는 젊은 시절부터 치유할 수 없는 고독과 광기에 시달리다 두 사람 모두 37세의 나이로 요절할 때까지, 감성적 동반자인 하층민의 주제에 매달렸다. 슬픔은 감각을 확장시켜, 평소 이성의 눈으로는 보지 못했던 것을 보게 만든다. 화가들은 19세기 역사의 구석진 곳을 비추고 중요한 순간을 포착했다.

거시사 macro history를 선도한 프랑스의 아날학파는 노동자를 연구할 때 장기간의 산업화 과정에 걸친 직종별 작업장과 고용된 노동자의 수, 물가변동과 실질임금 등 물질적 조건을 계량적 방법을 동원해 철저하게 파악한다. 이렇게 복원된 역사의 뼈대를 르 루아 라뒤리 Emmanuel Le Roy Ladurie[87]는 "방이 많은 훌륭한 집"에 비유했다. 그러나 그 집에는 인간이 살지 않는다고. 화가는 이 집에 각자의 '얼굴이 있는' 개인들이 살고 있음을 잊지 않게 해준다.

---

[87] 엠마누엘이 이름이고 성이 르 루아 라뒤리인 역사가는 세 단어로 이루어진 긴 성 때문에 종종 라뒤리로 잘못 알려져 있다.

제 3부

포스트모던 시대의 록 음악과 애니메이션

저항음악의 역사: 록에서 힙합까지

1. 시작하며

1950년대에 로큰롤(Rock'N'Roll) 음악이 등장했다. 지배계급은 그 낯선 음악의 관능적 면모에 분노했지만, 노동계급의 십 대는 이를 매개로 그들만의 거리문화와 계급정체감을 형성하였다. 저항적인 하위문화는 이렇듯 대중음악과의 밀접한 관계 속에서 탄생했다. 저항문화¹는 1960년대에는 히피문화와 록(Rock)음악으로 발전하며 반전, 반권위주의, 성해방을 외쳤다. 나아가 문화영역에만 머물지 않고, 프랑

---

1 저항문화(Counter Culture)는 1960년대라는 특정시기의 현상을 지칭하는 고유명사였으나, 이제는 시대를 불문하고 한 사회의 중심문화, 지배 이데올로기에 대한 저항적인 감정구조를 명료화하고 이에 공개적으로 도전하는 문화적 저항을 지칭하는 일반명사로 폭넓게 쓰인다. Ken Hirschkob, "The Classical and the Popular: Musical Form and the Social Context," in *Music and the Politics of Culture*, ed. Christopher Norris(New York: St. Martin's Press, 1988), p.302. 역사연구로는 Theodore Roszak, *The Making of Counter Culture*(New York: Garden City, 1968)를 참조.

스에서 시작되어 세계로 번진 1968년 혁명과 미국의 1969년 우드스탁 페스티벌에서 정치, 사회적인 영향력을 분출시켰다. 하지만 정치체제나 통치자를 바꾸는 데 실패한 68혁명은 제도권의 보수성이 예상보다 견고함을 입증하였다. 록 음악도 우드스탁 페스티벌 이후 상업주의에 물들어 저항성을 잃어갔다. 저항의 주체인 젊은이들은 패배주의에 젖은 채로 1970년대를 맞이했다. 이때 상업적인 방송매체의 속성을 역이용하며, 기성세대의 가치체계에 반발한 움직임이 있었다. 차별적이고 위계적인 남녀 성gender[2] 이분법을 거부한 글램록Glam Rock의 등장이었다.

젊은이들은 왜 기성세대가 소음이라고 인식하는 록 음악에 심취하는가? 록 음악인은 왜 규범에서 이탈한 패션을 고집하는가? 록 음악이 성해방을 외친 이후 어떠한 변화가 있었나? 1960년대의 강박관념처럼 록의 저항성은 상업성과 양립할 수 없는 것일까? 대중매체를 타고 전파되는 저항문화라는 글램록의 꿈은 몽상일까?

1968년 혁명에 끼친 록 음악과 청년문화의 영향력 때문에 기존의 연구는 주로 사회학에서 다뤄졌고,[3] 자연스레

---

[2] 우리말로는 남녀의 생물학적인 성을 나타내는 'sex'와 사회적인 역할과 담론으로서의 성을 뜻하는 젠더(gender)를 구분하는 번역어가 없다. 이 글에서 사용하는 '성차별,' '성이분법' 등은 후자를 뜻한다.

[3] 대중음악에 대한 기존의 분석은 가사분석과 소리분석으로 나뉜다. 전자는 가사가 전달하는 메시지의 사회·정치적 영향력에 주목하고, 후자는 소리 자체를 분석한다. 후자에 속하는 리처드 미들턴은 선율과 화성법에 주목한다. Richard Middleton, *Pop Music and the Blues* (London, 1972); Simon Frith, *The Sociology of*

1960년대 록에 초점을 맞춰왔다. 그러나 필자는 이 글에서 20세기 후반에 지속적으로 맥을 이어온 60년대의 록, 70년대의 글램록, 90년대 힙합에 이르는 흐름을 살펴볼 것이다. 그리고 젊은이들의 거리문화, 콘서트문화의 역사적 의미를 이해하기 위해 전근대 민중축제와 비교할 것이다. 저항문화의 수많은 세부영역 중에서도 록 음악을 택한 이유는 다음의 두 가지 특성 때문이다. 첫째, 수(數) 다음으로는 아마도 음악이 전 세계적으로 가장 보편적인 의사소통방식이라는 점, 둘째, 대중음악의 속성인 반복성, 즉 반복적인 듣기와 따라 부르기가 사람들의 뇌리에 파고드는 힘이다.

2. 1960년대 록: 반문명, 반상업성, 성해방

make love, not war -68혁명의 구호

1960년대의 록 음악으로 들어가기 전에 로큰롤을 잠시 언급하자. 흑인 노예의 음악인 블루스[4]에서 파생된 로큰롤은 억압적 분위기가 팽배했던 1950년대 냉전시대에 등장했

Rock(London, 1981) 권영성 외 역, 『록 음악의 사회학』(한나래, 1995), pp.33~41. 208~209.

[4] 블루스는 푸른 악마인 블루 데블스(blue devils)의 줄임말로 고향 땅을 떠나온 노예들의 향수병과 슬픔을 관장하는 것으로 알려져 있다.

다. 1954년 첫 앨범을 낸 엘비스 프레슬리는 흑인음악 특유의 "성적 폭발력을 백인음악의 의식 속으로 삽입"[5]시킨 최초의 가수였다. 관능적인 흑인음악은 "언어의 타락이자, 교회, 경찰, 가족, 지배계급의 권력에 반대하는, 그리고 관능성과 공격성의 억압에 반대하는…반란의 시"[6]였다. 로큰롤은 영국 노동계급의 '위험한 십 대'인 테디보이즈(Teddy boys)와 그들의 거리문화를 탄생시킨 밑거름이 된다.

노동계급의 십 대는 중산층의 가치를 교육하는 학교와 이를 사적으로 내면화하는 가정에서 이탈한 존재였다. 사회는 이들을 규범을 결여한 비행청소년으로 간주했다. 이들은 거리에 속했고, 직장을 다녔기 때문에 새로운 소비 집단으로 부상했다. 같은 음악을 듣고 같은 패션을 추구하는 과정에서 이들은 자신들만의 거리문화와 계급적·세대적 정체성을 발전시켰다.

1961년 영국 리버풀에서 비틀즈가 결성되었다. 1963년 첫 앨범 이후 발매하는 앨범마다 영국과 미국에서 수백만 장이 판매되는 열풍이 시작되었다. 뒤이어 롤링스톤스는 알앤비(R&B) 열풍을 몰고 왔고, 밴드의 보컬인 믹 재거는 각종 스캔들로 기성세대의 위선을 조롱하였다. 한편 가스펠이나 포크, 블루스의 영향을 받은 조운 바에즈와 밥 딜런의

---

5 Hirschkob, "The Classical and the Popular," p.299.
6 Paul Garon의 블루스 분석. 프리스, 『록 음악의 사회학』, pp.40~41.

음악은 사회비판적인 가사로 인해 60년대 대학생들의 시위음악으로 떠올랐다.

엘비스에서 밥 딜런에 이르는 음악이 젊은이들에게 열렬히 환영받았던 사실의 배후에는 단순히 음악만으로는 설명될 수 없는 공동체적 열정이 존재했다. 테디보이즈 이후 자신들만의 패션과 기호에 집착했던 거리의 청소년들은 모드족, 록커족, 스킨헤드족, 스웨드족, 보위, 펑커스(punkers), 펑크족(punk) 등으로 이어지는 흐름을 주도했고, 그 중심에는 노동계급의 가치와 기호가 있었다.[7] 미국 중산층 젊은이들도 부모세대의 권위를 의도적으로 거부하고 하층민의 가치를 따랐다. 억압적인 성도덕, 그 이면에 존재했던 남성중심의 포르노산업에 짜 맞춘 여성의 상품화라는 양면성을 젊은 세대가 비판하기 시작한 것이다.

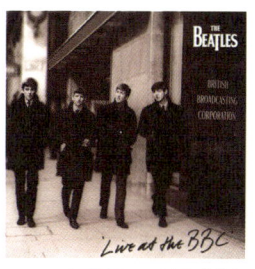

비틀즈는 1964년 데뷔 이후 발매하는 앨범마다 수백만 장이 판매되는 현상을 일으켰다.

1960년대 후반에는 샌프란시스코를 중심으로 사이키델릭록(Psychedelic Rock)이 유행하였다. 마리화나나 엘에스디(LSD)를 복용해 감각을 확장해 음악에 적용하려는 시도였다. 록은 본격적으로 약물과 결합했고, 제도권 문화로부터의 탈출을 실천에 옮겼다. 1967년 여름에는 물질문명으로부터 벗어나 자연주의 삶을 추구하는 히피공동체에 동참하고자

---

[7] 스킨헤드족은 민머리, 고된 노동의 상징인 장화, 교양이나 세련됨과는 거리가 먼 성난 야수의 몸짓과 어투라는 룸펜프롤레타리아의 외양을 띠는데, 이는 프리스의 표현을 빌자면 "부르주아식 농담을 프롤레타리아식으로 풍자한 것"이었다. 프리스, 『록 음악의 사회학』, p.277.

샌프란시스코로 몰려든 사람들이 50만 명을 넘어섰다. 공동체는 끊임없이 몰려드는 사회 일탈자를 감당하지 못했다. 성적 자유는 기성세대의 왜곡된 성도덕으로부터의 해방 혹은 인간적인 교감을 위한 대화라는 본래 의도에서 벗어나 쾌락수단으로 전락해갔다.

1967년 6월 캘리포니아에서 열린 몬트레이 국제 팝 페스티벌도 소규모로 계획되었으나, 제니스 조플린, 지미 헨드릭스가 참가함으로써 엄청난 관중을 동원하였다. 대규모 관중동원이란 신개념은 1969년 8월의 우드스탁 페스티벌에서 절정에 달했다. 다양한 음악인들이 참가하여 3일간 지속되었고 30만 관중이 모여들었다. 축제라는 공동체의 장을 통해서 록 음악은 소외로 인한 고통을 해소하고, 사랑과 성해방, 반전과 평화를 찬양하였다.

하지만 축제는 자본주의의 상업성에 의해 찬탈되었다. 관중동원이 증명해준 잠재적인 시장가능성 때문에 록은 이후 음반회사, 대중매체에 의해 상업적으로 이용되었고, 저항성과 주체성을 상실했다. 이러한 변질에도 간과하지 말아야 할 점이 있다. 히피와 록 음악인들이 표방한 천연소재의 자연주의 옷차림과 성구분이 모호한 장발이 지배문화의 단정한 머리모양, 남녀구별이 명확한 옷차림, 그 배후의 억압구조에 의문을 제기했다는 사실이다.

3. 1970년대 글램록: 안티-록, 상업성, 성차별 반대

표면에 드러나는 것이 전부이고, 스타일이 실제이고, 이미지가 진실이다.[8]

1) 반짝이는 스타일, 매체를 타고 번지다

1970년대의 글램록은 60년대 록의 반문명 자연주의를 거부했다. 이른바 안티록Anti-Rock을 선언한 것이다. 60년대 말 등장한 벨벳 언더그라운드Velvet Underground[9]와 뒤를 이어 등장한 음악가들은 지배문화의 성도덕을 조롱했다. 글램록은 경제적으로 번영하던 영국 남동부가 아니라, 쇠퇴하던 잉글랜드 북부나 스코틀랜드에서 유행이 감지되는데, 이 사실은 글램록의 계급적 특성을 반영하는 지표로서 흥미롭다.

글램록을 언급하기에 앞서 이와 유사한 티니밥

벨벳 언더그라운드의 앨범 《Velvet Underground and NICO》

---

[8] 글램록에 관한 토드 헤인즈 감독의 영화 《벨벳 골드마인》중 브라이언 슬레이드 밴드 멤버의 주장.

[9] 이하 VU로 약칭함. 루 리드(Lou Reed)가 이끄는 밴드로 1965년에 데뷔해서 이듬해 카페 비자르(Café Bizzare)에서 팝 아티스트 앤디 워홀과 만났다. 67년에는 워홀과 함께 제작한 *VU and Nico* 앨범을 발표하였다. 앨범표지 또한 워홀의 작품이다. 그 후 *White Light, White Heat; The VU; Loaded* 앨범을 발표한 후 70년대 초 해산했다. 데이빗 보위(David Bowie), 뉴욕 돌스, 섹스 피스톨스(Sex Pistols), 유투(U2) 등 글램, 펑크, 뉴 웨이브에 영향을 미쳤다. 브라이언 이노는 "VU의 데뷔앨범을 산 사람은 거의 없었다. 하지만 그 앨범을 산 사람은 거의 모두 밴드를 만들었다"고 회고했다. 《헤드윅》의 감독 또한 자신의 성공모델이 VU라고 밝힌 바 있다.

Tinny-Bob을 잠시 보자. 1970년대 초에 등장한 티니밥은 노동계급, 그중에서도 거리나 클럽에서 여가를 보냈던 소년들이 아니라, 여가시간의 대부분을 집에서 보냈던 소녀들에게 인기를 얻었다. 티니밥은 음악장르라기보다는, 화려한 무대의상이 특징인 음악가들을 가리켰다. 소울을 대중적으로 변형시킨 잭슨파이브, 로큰롤의 변형인 글리터록 Glitter Rock의 T. 렉스, 개리 글리터, 스위트, 슬레이드 등, 다양한 음악적 스펙트럼이 포함된다.

1971년 2월 T. 렉스의 리더 마크 볼란은 여성으로 착각할 만큼 진한 화장을 하고 TV 프로그램《탑 오브 팝스 Top of the pops》에 출연하였다. 카메라가 그의 얼굴과 의상에서 포착한 광채 때문에 이들의 음악은 글리터록이라 불렸다. 남성의 여성화라는 드문 방식으로 남녀 성역할의 구분을 거부한다는 점에서 글리터록은 글램록으로 이어지는 교두보였다.

록시 뮤직 Roxy Music[10]이 등장했을 때, 보컬 브라이언 페리 Bryan Ferry와 키보드 주자 브라이언 이노 Brian Eno의 외모를 음악잡지에서 "글래머러스 glamorous"하다고 평했고, 여기에서 글램록의 어원이 시작됐다. 이들의 나른한 창법과 리듬을

---

[10] 1973년에 발표된 *For Your Pleasure* 앨범과 1975년에 발매된 *Siren* 앨범은 아방가르드 클래식, 소울, 펑키, 사이키델릭록 등의 다양한 음악을 한 앨범에 모았다. 록시 뮤직을 포함한 글램록 음악인들이 음악적인 이유로 분류되기보다는 태도와 이미지로 분류됨을 보여주는 예다.

무시하는 파격적인 연주도 눈길을 끌었다. 하지만 무엇보다도 의상, 헤어스타일, 무대가 과도하게 장식적이며, 여성적인 점이 화제가 되었다. 성 이분법, 특히 남성성에 대한 기존 사회의 합의를 거부했다는 점에서 글램록은 반문화 도발이었다.

2) 글램록, 성 이분법에 저항하다

데이빗 보위의 등장으로 글램록은 대중에게 널리 알려졌다. 런던 교외의 중산층 출신인 보위는 1972년 미국에 상륙, 《지기 스타더스트》[11] 앨범을 발매하면서 양성적인 외모를 드러냈다. 음악잡지 『멜로디메이커』에서 보위는 연예인 최초로 양성애자임을 선언했는데, 이는 사실이 아니라 허위였음이 후일 밝혀졌다. 그의 허위 고백은 서구문화에 뿌리 깊은 기독교 전통, 그리고 근대에 와서 오히려 강화된 배타적 성윤리에 대한 도전이었다.

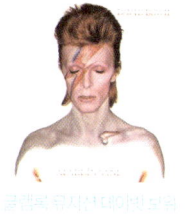

고대 말 사도 바울이 동성애를 죄로 규정한 이래, 중세 천년을 지배해온 가톨릭 교회는 이를 경제적 필요와 결부시켰다.[12] 중세의 제한된 생산력으로는 노동력의 중단 없

---

[11] 앨범의 정식 명칭은 《지기 스타더스트의 흥망·성쇠와 화성에서 온 거미》이며, 우주적인 멜로디와 음향을 표현해 스페이스 오페라는 장르를 개척한 것으로 평가된다.

[12] Philippe Ariès, "Thoughts on the history of homosexuality," *Western Sexuality: Practice and Precept in Past and Present Times* eds., by P. Ariès and André

는 공급, 다시 말해 하층민의 출산이 필수적이었다. 결혼과 성관계도 출산을 최우선이자 유일한 목적으로 했다. 이에 위반되는 동성애, 이성간의 구강성교나 항문성교, 피임과 자위행위까지 정액을 낭비한 죄로 간주되었다.[13]

절대주의 시대의 궁정귀족이 이성이건 동성이건 문제 삼지 않고 혼외연애에 몰두하면서 약화되었던 중세의 성적 금기는 프랑스 혁명 이후 19세기 근대 부르주아 사회에서 다시 강화되었다.[14] 18세기 말부터 의학계는 동성애를 병으로 규정하였다.[15] 근대 법제도 또한 이에 가세하였다. 1885년 영국에서는 수정형법Criminal Law Amendment Act이 통과되어, 성을 불문하고 항문성교를 처벌했던 관행에서 남성들 사이의 모든 성행위를 처벌하는 것으로 바뀌었다. 유죄판결 대상도 특정 '행위'에서 그러한 행위를 하는 '사람들'로 바뀌었다. 1895년 오스카 와일드는 이 법에 반대했다는 이유와 동성애 행위로 2년간 수감되었다.[16] 근대 법제도와

Béjin(originally published in 1982), trans. by Anthony Foster(New York: Basil Blackwell, 1985), p.62.

13 Colin Wilson, *Socialist and Gay Liberation*(1992), 정민 옮김, 『동성애자 해방운동의 역사: 사슬끊기』(연구사, 1998), pp.28~29; Eric A. Nicolson, "Drama, Images of Women," *Storia delle Donne in Occidente*, vol. III, *Dal Rinascimento all'età moderna*, ed. G. Duby and M. Perrot(1990), 조형준 옮김, 『여성의 역사』(새물결, 1994), p.638.

14 자세한 내용은 이 책의 제1부, 1장, "궁정귀족과 부르주아의 성 문화 충돌" 참조.

15 Ariès, "Thoughts on the History of Homosexuality," p.62.

16 Wilson, *Socialist and Gay Liberation*, p.34.

성윤리는 일부일처의 신성한 가족제도를 옹호하며, 무대 뒤의 매춘을 눈감아주는 모순을 이어갔다.

1960년대 록은 이러한 전통에 도전했다. 성해방을 외치며 억압과 위선을 비판한 것이다. 하지만 남성우월주의와 동성애자에 대한 차별은 록 안에 여전히 남아있었다. 1970년대에 등장한 글램록은 양성적 스타일을 연출해 성역할의 엄격한 구분 짓기에 도전했다. 글램록 콘서트는 공식문화의 가치가 지배적인 일상생활과 그 억압구조를 상징적으로 뒤집는다. 전근대 민중축제와 유사한 기능이다.[17] 근대 부르주아 성 담론에서 비정상인 양성성은 글램록 콘서트에서는 중심 상징이 된다.[18]

글램록의 목적은 지배문화와의 차이를 드러내는 것이었다. 물론 음악을 즐기는 것 또한 여가 활동이므로, 잠재적인 저항집단의 스트레스를 해소함으로써 궁극적으로는 지배질서에 순응케 하는 기능도 수행한다. 스테드만 존스가 노동계급의 예를 분석했듯이, "오늘의 여가"라는 개념 자체가 "내일의 작업 복귀"를 전제로 하며, 여가시간은 작

---

[17] 성역할의 전도를 포함해서, 모든 가치와 역할이 '뒤집어진 세상(the World Upside Down)'이라는 전근대 민중축제의 핵심기능에 대해서는 Peter Burke, *Popular Culture in Early Modern Europe*(London: Temple Smith, 1978), pp.185~190을 참조.

[18] 이와 유사한 특징은 로베르토 데 마타(Roberto de Matta)에 의해 브라질의 축제 분석에서 사용된 바 있다. 로버트 스탬, 「바흐친과 대중문화비평」, 『바흐친과 문화 이론』(문학과 지성사, 1995), p.332.

업시간에 의해 통제된다는 주장은 부인하기 어렵다.[19] 그렇지만 사순절Lent에 의해 막을 내리는 전근대 사육제Carnival와 달리, 음악축제인 콘서트의 종료가 일상으로의 완전한 복귀를 의미하지는 않는다. 콘서트 후에 중성적인 패션과 동성애 담론이 젊은이들 사이에 번지면서 공동체의 유행으로 발전했다. 지배문화가 통제하는 일상의 틈새로 반문화 축제가 침투한 것이다.

저항음악이 일상으로 침투한 또 다른 예로는 작업장 음악을 들 수 있다. 작업능률을 올리기 위해 작업장에서 들려주는 '듣기 편한 음악easy-listening music'은 공식문화를 대변하며, 소란스럽고 관능적인 록 음악을 작업장 밖으로 몰아내고자 한다. 그러나 작업의 형태가 다양한 현대사회에서 공식문화가 의도하는 통제가 지켜지긴 힘들다. 선곡이 자유로운 자영업자뿐 아니라, 배달 직종 고용인들도 값싼 워크맨의 보급 이후 작업시간에 음악을 선택할 수 있는 자율성을 확보하였다.

공식문화의 사회통제를 다른 측면에서 논의하기 위해서 대중매체와 글램록의 관계를 살펴보자. 유사한 스타일에도 불구하고 글램록이 글리터록과 구분되는 지점 또한

---

19 Gareth Stedman Jones, "Class expression versus social control? A critique of recent trends in the social history of 'leisure'" in *Language of Class: Studies in English Working Class History 1832-1982*(Cambridge: Cambridge Univ. Press, 1983).

대중매체를 바라보는 시선이었다.[20] 글리터록은 1960년대 록의 등장 이전인 1950년대로, 다시 말해 정치적, 사회적인 저항성과는 거리를 두는 순수 음악이면서 쇼 비즈니스로 돌아가려는 복고적인 음악이다.

반면 글램록은 보위의 주장처럼 저항 자체가 쇼 비즈니스 안에서 풍자로 살아남을 수 있다고 믿었다. 공식문화의 가치체계를 어지럽힘으로써 쇼 비즈니스 또한 전복적일 수 있다는 주장이다. 글램록은 대중매체의 영향력이 앞으로 점점 더 커질 것임을 예견했다. 그리고 상업적 속성에 질식당하지 않으려면, 대중매체를 역으로 이용함으로써 지배문화에 대항할 수 있다는 역설을 도출했다.

사실 대중매체의 기능에 대해서는 좌파 이론가들 사이에서도 의견이 분분하다. 부정적인 입장에 선 학자들은 대중매체가 부르주아 헤게모니의 확성기로서 최소한의 저항정신도 허용하지 않을 뿐더러, 인간의 욕구까지도 허위로 조작한다고 비판한다.[21] 아도르노는 대중매체를 타고 흐르는 대중음악, 특히 재즈를 현실도피적인 거세의 상징이라고까지 주장했다.[22]

---

[20] 글램록이 보위의 활약으로 인해 보다 기교적이며 세련되고 의미심장한 록의 한 장르로 받아들여졌다면, 글리터록은 '생각 없는(brainless) 팝 음악'으로 폄하된다는 점도 둘 사이에 흔히 지적되는 차이점이다.

[21] Herbert Schiller, Armand Mattelart, Theodor Adorno, Max Horkheimer 등. 스탬, 「바흐친과 대중문화 비평」, p.306.

[22] T. Adorno, *Prism*(London, 1967), 프리스, 『록 음악의 사회학』, pp.73~74에서 재

반면 대중매체의 긍정적 측면을 옹호하는 입장도 있다. 이들은 대중매체의 특성인 근대복제기술에 주목한다. 복제기술이 전통적 엘리트의 문화독점을 파괴하기 때문이다.[23] 일찍이 존재한 적 없는 이러한 특성은 가히 혁명적이다. 바보상자라 불리는 텔레비전도 인간의 모든 욕구를 충족시킬 수 없는 '구멍 뚫린 매체'이며, 역으로 이용하면 민중의 진정한 욕망을 대변할 수 있다는 한스 엔첸스버거의 주장은[24] 보위의 주장과 다르지 않다.

음악은 대중매체를 타고 전파되는 장르 중에서도 독특하다. 뉴스나 토크쇼가 사실성과 객관성을 내세우면서도 지배가치를 반복, 전달하는 대표적인 분야라면,[25] 음악프로는 통제가 상대적으로 어렵다. 음악 프로에 특정 음악이 소개되면, 그 곡이 담긴 음반판매로 이어진다. 어느 한 곡을 금지곡으로 선정하더라도, 앨범 자체를 금지하지 않는 이상 대중의 접근을 차단하기는 어렵다.[26] 판매망에서도 레코드 배급업자는 영화 배급업자만큼 효율적으로 시장

인용.

[23] Walter Benjamin, Hans Enzensberger, Frederick Jameson, Richard Dyer, Dick Hebdige 등이 낙관론을 펼친다. 스탬, 「바흐친과 대중문화 비평」, pp.306~307.

[24] 자세한 것은 Hans Magnus Enzensberger, "Constituents of a Theory of the Media," *The Consciousness Industry*(New York: Seabury, 1974)를 참조.

[25] 스탬, 「바흐친과 대중문화 비평」, pp.319~321.

[26] 70년대 후반 섹스 피스톨스의 《여왕폐하 만세》는 영국 BBC방송국과 다른 상업방송국, 심지어 레코드점의 방해에도 불구하고 영국 팝 차트 정상에 올랐다.

을 통제할 수 없다.[27] 게다가 수많은 노래 가사에 숨어있는 상징과 은유 전부를 공식문화가 간파하는 것도 불가능하다.[28] 이러한 틈새로 인해 대중음악은 일정부문 자율성을 확보하고, 대중매체의 문턱과 조작 기제를 뛰어 넘는다.

3) 동성애, 정신질환 목록에서 빠지다

글램록에 대한 헌사라고 토드 헤인즈 감독 스스로 밝혔던 영화《벨벳 골드마인》의 주인공이자, 성적 소수자의 상징인 1970년대 글램록 스타 브라이언 슬레이드는 보위의 행적을 연상시킨다. 실제로 감독은 슬레이드의 모델이 보위라고 밝힌 바 있다. 90년대에 들어서 마침내 명예의 전당에 이름을 올린 보위처럼 슬레이드 또한 한때 세상을 바꿀 꿈을 꾸었으나, 80년대에 주류문화에 편입되어 팝 스타로 재탄생했다. 그의 공연장 뒤편에서 한때 연인이자 뮤즈였던 커트 와일드[29]가 회고하듯 "세상을 바꾸려다 우리가 바뀌어버린"[30] 결론만이 남았던 것일까? 아니면 혁명도 결국 또 하나의 제도와 기존 질서로 흡수되듯, "평생 간직할 수 있는 것

---

[27] 프리스, 『록 음악의 사회학』, p.23.
[28] 글램록은 아니지만 밥 딜런의 노래에 등장하는 우편배달원이 마약판매인을 의미한다는 것을 공식문화권에서는 뒤늦게 알았던 사실이 한 예다.
[29] 《벨벳 골드마인》의 또 다른 주인공인 커트 와일드의 모델은 뒤에 언급하게 될 펑크록 음악가 커트 코베인이다.
[30] 《벨벳 골드마인》에서 브라이언의 아내가 과거를 회상하며 한 말.

은 혁명이나 꿈 자체가 아닌 그저 이미지"[31]일 뿐일까?

1970년대 후반 글램록은 헤비메탈로 흡수되어갔고, 키스, 마릴린 맨슨 등에서 흔적을 찾기도 하지만, 80년대부터는 그 명맥을 추적하기 힘들어졌다. 70년대 후반부터 본격화된 경제 위기와 정치적인 보수주의는 80년대에 접어들면서 강화되어 사회적 약자를 억압했다. 글램록의 몰락도 이러한 정치, 사회 변화와 때를 같이했다.

동시에 글램록이 꿈꾸었던 성 이분법에 대한 저항은 사라진 듯했다. 하지만 70년대 전반에 글램록이 미국을 강타하면서 동성애 담론을 주도했던 사실은 부정할 수 없다. 글램록에서 읽어낼 수 있었던 저항문화는 자본주의 세계와 사회주의 세계에서 동일하게 '정상'이었던 성 문화, 즉 성의 사유화, 남성중심주의, 이성 부부에게만 허용된 획일적인 가족상에 도전했다. 글램록의 유행이 절정에 달했던 1974년 미국정신과협회APA는 정신질환 목록에서 마침내 동성애를 삭제했다.

---

[31] 위의 주와 동일.

4. 1980년대: 경제 불황, MTV, 공산권의 록 음악

진리란 권력의 강요된 모습일 뿐이다. -오스카 와일드

1970년대에 발생했던 두 차례의 석유파동으로 시작된 세계적인 경제 불황은 1980년대 초반에도 지속되었다. 불황을 극복하기 위해 케인즈식 복지국가 모델을 대신해서 자유시장경제가 다시 도입되었다. 복지비 지출이 삭감되었고, 경제 분야에 국가 개입의 축소와 작은 정부를 주장하면서도, 노조파업과 도시빈민폭동에는 정부의 과단성 있는 탄압이 요청되었다. 영국의 대처리즘과 미국의 레이거노믹스로 경쟁에서 살아남지 못한 기업은 퇴출당했다. 문화적, 인종적 소수자는 공격당했고 중산층의 문화가치인 정직, 근면, 종교적 엄격함이 다시 강조되었다. 경제 불평등은 사회구조의 문제가 아니라 개인의 패배로 인식되었다. 저항의 상징이었던 존 레넌은 레이건 집권 직전인 1980년 12월에 암살당했다.

보수적인 사회 분위기를 반영하며 미국에서는 백인들의 행복한 음악인 컨트리가 득세했다.[32] '행복'이란 주제는 컨트리 음악과 클래식 음악의 공통분모다. 허쉬코브의 주

---

[32] 돌리 파튼, 케니 로저스, 올리비아 뉴튼 존 등 백인가수들이 듣기 편안하고 건전한 음악으로 음악계를 주도했다. 심지어 흑인가수인 라이오넬 리치의 음악도 컨트리풍으로 바뀌었다.

장대로 클래식 음악의 정수는 "행복한 결말로 이끌어가는 지속적인 극화"[33]다. 행복은 지배층이 바라보는 이상사회의 중심 가치이며, 디즈니 애니메이션이 대단원으로 설정하는 불변의 법칙이기도 하다.[34] 1981년 미국에서 최초로 에이즈(AIDS) 환자가 보고되었고, 이를 계기로 동성애자에 대한 부당한 공격이 거세어졌다. 영국 록밴드 퀸(Queen)의 보컬인 프레디 머큐리는 80년대 내내 동성애자로서의 정체성을 감춰야했다.[35]

록의 저항성을 약화시키는 데 기여한 또 다른 요인은 1981년에 등장한 엠티비(MTV)와 같은 음악전문 케이블 채널이다. 엠티비 시대인 80년대에는 뮤직비디오가 일반화되고, 기성세대의 혐오감을 자극하지 않는 범위 내에서 상업적으로 성공할 수 있는 기획 상품 발굴이 관건이 된다. 가수의 외모, 화려한 춤, 눈부신 젊음이 음악적 재능보다 중요해졌다. 나이든 것, 자신의 음악적 스타일에 대한 지나친 고집은 상품가치의 하락을 의미했다. 자본을 앞세운 기획

---

33 Hirschkob, "The Classical and the Popular," p.292.
34 디즈니 애니메이션을 역사학의 영역으로 본격화시킨 연구로는 Steven Watts, *The Magic Kingdom: Walt Disney and the American Way of Life*(New York: Houghton Mifflin, 1997), 국내 논문으로는 주경철, 「디즈니 만화영화의 문화사」, 『역사와 문화』2호(문화사학회, 2000) 참조.
35 그는 1991년 11월에 가서야 에이즈로 투병중임을 밝혔고, 이틀 뒤 사망했다. 그가 동성애자라는 사실은 장례식을 전후해서 밝혀졌다. 동성애자에 대한 80년대의 억압적 분위기는 70년대와 90년대에 대중 음악가들의 커밍아웃이 유난히 많았다는 사실에서도 반증된다.

사들은 뮤직비디오의 성공을 위해 대규모 투자를 하고, 이의 성패 여부가 음반판매량을 좌우하게 되었다.

영국의 R&B 음악가인 조 잭슨은 듣는 음악이 아닌 보는 음악에 저항했지만, 대부분의 가수들은 영상 시대에 적응해갔다. 마이클 잭슨의 《스릴러Thriller》(1982), 프린스의 《퍼플 레인Purple Rain》(1984) 앨범의 대대적인 성공은 뮤직비디오의 중요성을 실감케 하였다. 프린스는 "난 하나의 특정 문화풍토에서 성장하지 않았다. 난 펑크도 아니고 R&B 가수도 아니다. 난 백인이 많은 미네소타의 중산층 출신이기 때문"이라고 주장했다. 흑인 음악 특유의 저항성을 포기하고 백인풍으로 크로스 오버된 음악이 앞으로 음악계를 주도할 것임을 예고한 것이다.

록이 미국과 서구에서 수세에 몰렸던 반면, 동구권과 소련에서는 정반대의 양상이 나타났다. 이곳에서 록은 70년대부터 80년대에 걸쳐 지속적으로 문화적, 정치적 비판기제로서 기능했다. 1986년 레닌그라드에서 개최된 록 콘서트에서는 공산주의 정부를 비판한 〈지배에서 벗어나자〉가 발표되어 동구권 전역으로 퍼져나갔다.

우리는 유치원 시절부터 지켜보았지. / 친절하고 괜찮은 남녀가 우리를 때리는 것을 / 그들은 가장 고통스러운 장소를 택했어. / 그리고 우리를 농장의 동물처럼 취급했지. / 그래서 우리는 훈련받은 가축처럼 자랐어. / 우리는 그들이 원하는 것을 노래했고, 그들

이 원하는 대로 살았고 / 마치 함정에 빠져 있듯이 그들을 올려다 보았고 / 그들이 우리를 때리는 것을 그저 지켜보았어. / 지배에서 벗어나자! / 지배에서 벗어나자! / 그리고 허락된 것이 아니라, 우리가 원하는 것을 노래하자 / 우리에겐 소리 지를 권리가 있다.[36]

저항적 록 음악은 몇 년 후 소련과 동구권 사회주의 국가들의 몰락에 영향을 미쳤다.

5. 1990년대: 록의 쇠퇴와 힙합의 등장

이제 더 이상 내가 증명해야 할 건 남아 있지 않다. 만약 내가 이대로 잠든 채 죽는다 해도 다시 이곳에 머무는 것만은 바라지 않는다.

-커트 코베인

1990년대에 몇몇 록 음악가들은 상업적으로 크게 성공했다. 80년대에 하층민의 저항성을 대표했던 브루스 스프링스틴Bruce Springsteen도 90년대에 들어와서는 보수성으로 유명한 아카데미 시상식에서 두 번이나 최우수 주제가상을 받았다. 모순적인 이 시기에 주목할 밴드는 커트 코베인이

---

[36] Artemy Troitsky, *Back in the USSR: The True Story of Rock in Russia*(Boston: Faber & Faber, 1987), p.127, *Western Heritage*, 5th edition, et. al. Frank M. Turner(NJ: Prentice-Hall, 1995), p.1170에서 재인용.

이끌었던 너바나_Nirvana_다. 너바나는 대중매체의 상업성을 이용하려다, 역으로 이에 희생당한 예였다. 코베인은 60년대 록 스타들과 80년대 헤비메탈 음악가들에게서 나타나는 남녀 차별주의를 비난하고, 상호존중을 실천하고자 했다. 동시에 그 자신은 이성애자이면서도 《올 어팔러지스_All Apologies_》에서는 동성애자에 대해 넓은 포용력을 보여주었다.

언더그라운드 밴드였던 너바나는 《인세스티사이드_Incesticide_》 앨범 발매 당시만 해도 "완전히 피폐해진 록 청년문화를 상업적으로 착취하는 것에 대해 조금의 죄책감도 느끼지 않는다."고 언급했었다. 하지만 《네버마인드_Nevermind_》 앨범이 미국에서만 8백만 장 이상 팔려나가면서, 코베인은 대중매체가 자신과 가족을 파멸시켰다고 느꼈다.[37] 1994년 4월 그는 권총 자살이라는 극단적인 방식으로 세상을 등졌다. 평론가들은 벗어날 수 없는 흡인력을 지닌 자본주의 시장기제에 대한 그의 마지막 저항이라고 평했다.

코베인의 비극과 달리, 록 음악이 대중매체를 이용해 성차별 담론에 저항한 것은 어느 정도 성과를 거두었다. 90년대에 컬쳐클럽 밴드의 보이 조지와 정상의 인기를 누리던

---

[37] 코베인은 "Rape me"의 가사가 소녀를 강간한 소년이 감옥에 들어가 그곳에서 강간당하는 내용이라고 했다. 평론가들은 이 노래가 펑크록을 상업적으로 착취한 그가 이제 주류 음악 산업에 의해 파멸되는 것을 은유했다고 주장한다.

조지 마이클[38]의 커밍아웃이 잇따랐으며, 이 사실은 대중매체를 타고 전 세계에 알려졌다. 92년부터 컴퓨터 소프트웨어 개발사인 로터스 사 Lotus Corporation와 아이스크림 제조사인 벤앤제리스 Ben & Jerry's 같은 진보적인 기업들이 동성애자 부부에게도 의료보험 혜택을 주었다.

끝으로 음악 분야는 아니지만 대중매체의 영향을 실감한 예는 엘렌 드제너러스 Ellen Degeneres이다. 97년 미국 ABC방송의 황금 시간대 인기 시트콤인 《엘렌》의 주인공인 그녀는 시트콤의 하루 방송분을 자신의 커밍아웃 특집으로 편성하였다. 그해 《엘렌》은 에미상과 피보디 Peabody상을 수상했고, 연인인 영화배우 앤 헤이시와 함께 백악관에 초대받아 뉴스에 보도되었다. 같은 해 동성애자에게 적대적인 행동을 하지 말아야 한다는 교육용 홍보영화가 학교에서 상영되기 시작하였다. 물론 대중매체는 연예인의 동성애자 선언을 시청률을 올리는 목적으로 이용하였다. 하지만 대중매체의 영향력 없이 동성애자를 바라보는 사회의 시선이 유연해지기는 어려웠을 것이다.

록 음악에서 시작된 지배적 성차별 담론에 대한 저항은 90년대에 어느 정도의 성과를 거둠으로써 폭발적인 저항성이 다소 희석되었다. 그 자리를 대신해서, 90년대 대중음악계에 강렬하게 떠오른 저항음악은 그래피티 graffiti, 브레이

---

[38] 그 외에도 90년대에 커밍아웃한 음악가 중에는 Suede의 드럼주자인 Simon Gilbert 등이 있다.

크 댄스와 랩이 결합된 힙합이었다. 엘피(LP) 레코드판을 긁어 소리를 내는 스크래치 주법은 악기를 구입할 수 없는 가난한 흑인들의 연주법에서 출발했다.[39] 특히 사회풍자적 가사, 대화를 주고받는 형식의 랩과 청중의 적극적인 참여는 힙합이 대화론적 음악임을 알려준다.[40] 이 특성은 부르주아 문화가치를 대표하는 고전음악의 자폐적 독백형식과 대칭점에 놓인다. 힙합은 아직 발전하고 있는 장르이므로 섣부른 판단은 피해야겠지만, 일단은 그 출발이 남성 중심적이며 여성을 주변화시킨다는 점에서 60년대 록, 80년대 헤비메탈과 공통점을 보인다.[41] 이 점에 대해 비판이 제기되는 것 또한 저항문화 전통의 유산이라 하겠다.

---

[39] 엘리자베스 휠러(Elizabeth Wheeler)의 견해. 스탬, 「바흐친과 대중문화비평」, pp.330~331에서 재인용. 스탬이 인용한 그녀의 미발표 논문은 그 후 "Most of My Heroes Don't Appear on No Stamps: The Dialogics of Rap Music," *Black Music Research Journal* 11:2, pp.193~216에 실렸다.

[40] 휠러는 바흐친의 대화론을 힙합의 랩에 적용해 분석을 시도했다. 한편 Hirschkob도 18세기에서 19세기에 확립된 서구의 고전음악이 부르주아 문학과 함께 독백형식의 담화전략을 공유한다는 점을 지적한다. Hirschkob, "The Classical and the Popular," p.289.

[41] 노라 칼린, 심인숙 역, 『동성애자 억압의 사회사』(책갈피, 1995)도 힙합음악이 남성우월주의와 여성비하로 점철된다고 주장한다.

6. 마치며

서구역사에서 지배층ruling class과 도전세력challenging class 사이의 긴장과 충돌은 역사를 변화시켜온 주요 동력이었다. 18세기 말 프랑스 혁명부터 1848년 2월 혁명까지는 귀족과 명사층에 대항한 부르주아 계급이 도전세력이었다. 프랑스를 시작으로 남성보통선거권이 주어진 19세기 중반부터는 부르주아가 지배층, 노동계급이 도전세력이었다. 20세기 후반에 도전세력은 이제 특정 '계급'이 아닌 젊은 '세대'이다. 십 대에서 시작되어 대학까지 아우르는 청년층이 새로운 도전세력으로 부상했다.

계급이 다른 청년층을 하나의 사회집단으로 묶어준 건 록 음악이었다. 록은 이들의 문화적 연대감을 형성하고 저항적인 감정구조를 표현하는 데 핵심 역할을 했다. 1950년대 로큰롤부터 90년대 힙합에 이르는 20세기 후반, 청년층의 저항음악이 사회에 미친 가장 큰 영향은 근대 부르주아성 문화에 탄력성을 가져왔다는 점이다. 자본주의의 상업성과의 문제에 있어서 60년대 록은 거리두기를, 70년대 글램록은 적극적 이용이라는 다양한 전략적 스펙트럼을 보였다. 그 결과 60년대 록은 저항의 폭발성을, 70년대 글램록은 대중매체를 이용한 사회 홍보라는 성과를 얻어냈다.

저항음악은 청년층, 여성, 성적 소수자의 불만이나 저항의식을 적절하게 대변했다. 권위적인 중심문화에 대한 주변문화의 도전은 소외된 사람들, 억압받는 사람들의 존재를 사회에 일깨워 준다. 20세기 후반 록 음악은 성적 소수자에 대한 태도 전환을 주류사회에 요구했고, 이후 사회는 적어도 성 문제에 대해서만큼은 조금 너그럽고 성숙해지지 않았을까?

뒤집어진 세상, 카니발 전통의 부활: 글램록과 펑크록

1. 박제가 된 60년대 록과 새로운 도전

1970년대 영국과 미국에서 꽃을 피웠던 글램록과 펑크록 Punk Rock이 최근 재조명되고 있다. 1998년 토드 헤인즈 감독의 《벨벳 골드마인 Velvet Goldmine》[1]이 이완 맥그리거와 조나단 리스 마이어스[2]를 주연으로 글램록을 조명했다. 2001년에는 존 카메론 미첼 감독·주연의 영화 《헤드윅 Hedwig》이 선댄스 영화제를 비롯한 각종 영화제[3]에서 감독상과 관객상

《벨벳골드마인》의 한 장면

---

[1] 《포이즌 Poison》으로 알려진 독립영화계의 토드 헤인즈(Todd Haynes) 감독 작품으로, 1998년 칸 영화제에서 최우수 예술공헌상을 수상했다.

[2] Jonathan Rhys Meyers(1977~). 이후 《엘비스》로 2006년 골든 글로브 TV미니시리즈 부문 남우주연상을 수상한다.

[3] Sundance Film Festival. 미국 유타 주에서 열리는 독립영화와 다큐멘터리 국제

을 수상하였다.[4]

글램록과 펑크록은 각기 1970년대 전반과 후반에 등장했던 낯설고 충격적인 음악이면서 젊은이들의 저항문화로도 발전했던 총체적 현상이었다. 글램록은 성차별적 위계질서와 위선적 성도덕을 조롱했고, 펑크록은 하층민을 억압하는 사회체제를 비난하였다. 이들은 1960년대 록의 꿈이 실패한 직후에 저항문화의 맥을 잇는 동시에 60년대와의 차별화를 선언했다.

필자가 1960년대의 록을 모던 음악으로 규정하는 것은 아니다.[5] 하지만 이에 반발한 글램록과 펑크록은 여러 측면에서 모더니즘에 대한 반발로서 등장한 포스트모더니즘 문화의 특성을 공유한다. 대표적 모더니즘 운동이었던 이사도라 던컨의 모던 발레나 피카소의 미술은 고전문화에 대한 반발이었다. 하지만 시간이 지나면서 서구 근대문명의 속물주의를 비판했던 반항적인 지위가 무색해지더니, 결국 모더니즘 자체가 엘리트문화로 바뀌어 버렸다. 그리

영화제로 배우이자 감독인 로버트 레드포드가 주축이 되어 만들어졌다. 《내일을 향해 쏴라》에서 그가 맡았던 선댄스 키드(Sundance kid)에서 이름을 따왔다.

4 원제는 《헤드윅과 성난 일 인치 *Hedwig and the Angry Inch*》로 2001 도빌 영화제 씨네라이브상, 비평가상, 최우수영화상, 베를린 영화제 테디베어상을 수상했다. 반문화 코드와 기존 성 관념을 뒤집는 상상력이라는 공통분모로 인해 《록키호러픽쳐쇼(이하 록키)》(1975)와 비교된다. 『뉴욕 포스트』의 평론처럼 "《록키》가 좋은 컬트 영화였다면, 《헤드윅》은 성을 더욱 심도 있게 표현했다."

5 정통 록은 저항문화 내에서 지배적인 지위를 획득했지만, 포스트모더니즘의 특성을 여러 면에서 공유하고 있기 때문이다.

고 이 점을 비판하며 포스트모더니즘이 등장한 것이다.[6]

마찬가지로 록 음악의 역사에도 비슷한 변질과 새로운 도전이 등장하였다. 70년대가 되자 평론가들과 지지자들 사이에서 60년대 록은 '정통'이라는 수식어를 부여받는다. 바로 록의 규범화, 고전화 과정이다. 저항문화였던 록은 모순되게도 엘리트문화로서의 지위를 획득했다. 블루스와 사이키델릭록을 혼합한 지미 헨드릭스Jimmy Hendrix의 기타 연주기법은 전설이 되어, 후배들이 따라잡아야 할 높은 이상이 되었다. 헨드릭스 이후 기타를 치는 것은 결코 쉬운 일이 아니었다. 찰리 파커가 색소폰을 살해했듯이 헨드릭스는 기타를 살해했다는 다소 극단적인 평[7]이 나온 이유다. 60년대 저항음악이 규범화되어 그 출생지인 하층민의 음악과 연주행위를 억압하게 된 것이다. 1960년대의 록은 그렇게 발생 당시의 충격과 자유분방함을 잃어갔다. 그때 글램록이 60년대 록을 거부하며 '안티 록'을 선언했다. 새로운 저항문화가 탄생한 것이다.

《벨벳 골드마인》의 투 후 연배우 조나단 리스 마이어스(왼쪽)와 이완 맥그리거(오른쪽)

---

[6] 포스트모더니즘의 등장을 이러한 관점에서 설명하는 연구로는 Susan Sontag, *Against Interpretation*(New York: Deli, 1966); Leslie Fiedler, *The Collected Essays of Leslie Fielder*, 2 vols.(New York: Stein and Day, 1971); Frederic Jameson, "Postmodernism, or the Cultural Logic of Late Capitalism," *New Left Review* 146(1984), 56; John Storey, *An Introductory Guide to Cultural Theory and Popular Culture*(Athens: University of Georgia Press, 1993); idem, *Cultural Studies and the Study of Popular Culture: Theories and Methods*(Athens: University of Georgia Press, 1996); idem, *Cultural Consumption and Everyday Life, Cultural Studies in Practice*(London: Edward Arnold, 1999)가 있다.

[7] Alain Dister, *L'âge du rock*(1992), 성기완 역, 『록의 시대, 저항과 실험의 카타르시스』(시공사, 1996), p.99.

60년대 록과 70년대의 '변종'인 글램록이나 펑크록을 비교할 때 전자는 '진정성'을 추구한 음악으로, 후자는 '가망 없이 상업적'인 음악으로 분류되곤 한다.[8] 글램과 펑크의 음악성이 정통 록에 비해 떨어진다는 근거에서다. 이 차이 또한 모더니즘이 대중문화의 상업주의를 비난한 엘리트문화인 반면,[9] 포스트모더니즘은 고급문화와 대중문화의 구별을 거부했던 대립구도[10]를 연상시킨다.

문화 전반에서 부인할 수 없는 현상이 된 포스트모더니즘은 "표피성의 증식, 이미지와 기호, 그리고 스타일에 대한 매혹, 미디어로 향한 사회경제적 전환, 비상업적 고급문화와 상업적 대중문화라는 이분법적인 문화 위계질서의 붕괴"를 표방했다.[11] 이러한 시대에 정통 록이 비상업적 진정성을 추구하다 상업적 매체의 흡인력에 맥없이 빨려 들어간 반면, 글램과 펑크는 대중매체를 전략적으로 이용했다. 이들은 음악인들의 스타일, 이미지와 상징이라는 표피

---

[8] 글램이 적극적으로 상업주의와 대중매체를 이용했던 반면, 펑크는 상업주의를 비판했다는 측면에서 60년대의 진정성을 잇는다고 평가되기도 한다. 하지만 펑크 또한 대중매체를 정치적으로 이용하는 공격 전략을 택했다는 사실이 간과되어서는 안 된다.

[9] Andreas Huyssen, *After the Great Divide: Modernism, Mass Culture and Postmodernism* (London: Macmillan, 1986), p.188.

[10] 앤디 워홀(Andy Warhol)은 "'진정한' 미술이란 단지 그 시대 지배계급의 취향 (과 재산)에 의해 정해질 따름"이라고 주장하면서, 대중상업미술과 엘리트고급미술의 구분을 거부하였다. 그는 팝 아트를 이론화시킨 인물로 평가된다. Simon Frith and Howard Horne, *Art into Pop*(London: Methuen, 1987), p.109.

[11] Dick Hebdige, *Hiding in the Light*(London: Comedia, 1988), pp.181~182.

를 이용해 중산층의 규범문화, 그리고 정통 록의 진정성으로부터도 스스로를 차별화해 나갔다. 글램과 펑크는 건축과 미술계에서 시작된 포스트모더니즘 운동에 대한 대중음악계의 화답이었다.

록 음악을 저항문화로 이해하는 데 있어서 60년대의 진정성과 70년대의 상업적 속물주의라는 비교는 논의를 축소시킬 위험이 있다. 대중음악 자체가 애초에 고전음악classic music의 문법과 정형성, 그것이 누리는 엘리트문화로서의 공식지위에 대한 반발이자, 노동자의 거리음악에서 출발했다는 사실을 기억해야 한다. 그렇다면 고급문화를 평가하는 기준인 음악성으로 접근하기보다, 70년대라는 시점에 적합한 저항감의 분출이라는 측면에서 글램과 펑크를 새롭게 접근해 볼 가치가 있다.[12]

1970년대는 어떤 시대였나? 정통 록이 추구했던 꿈의 좌절과 글램록이라는 반테제의 등장은 이미 1960년대 후반에 예고되었다. 사이키델릭록은 약물 효과로 인한 감각의 확장을 음악에 적용하려 했으나, 그 부작용으로 약물 중독자를 양산했다. 우드스탁 페스티벌Woodstock Festival도 축제라는 공동체적인 장에서 소외로 인한 고통을 해소하고,

---

[12] Andrew Goodwin은 "Popular Music and Postmodern Theory," *Cultural Studies* 5:2(1991, 5)에서 포스트모던 시대에 고급문화와 대중문화의 구분이 무너졌다는 주장을 거부한다. 고급문화가 지배적 위치를 차지하기 때문에 새로운 하위문화나 급진적 취향의 문화가 언제나 성장한다는 것이다.

반전과 평화의 정신을 찬양했던 본래의 의도에서 벗어났다. 대규모 관중 동원이 증명한 잠재적 시장 가능성은 대규모 자본을 끌어들였고, 록은 주체성을 상실하였다.

이미 우드스탁 페스티벌이 열리기 1년 전인 1968년 5월, 드골의 보수적인 우파 정권뿐 아니라 소련의 스탈린으로 대표되는 구 좌파도 타도 대상임을 선언하며 프랑스 파리에서 시작된 대학생 시위는 노동자와 연대투쟁을 하면서 혁명 국면으로 접어들었다. 혁명은 프랑스에만 국한된 사건이 아니었다. 체코슬로바키아의 프라하, 미국의 버클리 대학에서도 저항의 움직임이 일어나 세계 혁명의 양상으로 발전하였다. 그러나 좁은 의미의 혁명, 다시 말해서 정치 혁명으로서 68혁명은 실패했다.[13] 젊은이들은 기존 체제가 예상보다 굳건하다는 사실을 인정해야 했다.[14] 미국에서도 반전운동의 실패로[15] 저항방식에 문제가 제기됐다.

---

[13] 하지만 68을 넓은 의미의 혁명, 즉 문화 혁명으로 본다면 실패한 혁명이 아니다. 이를 계기로 일상에서 권위적인 문화를 서서히 몰아냈고, 여성, 소수민족, 동성애자의 권리 찾기 운동이 활성화됐기 때문이다.

[14] 드골은 혁명의 급진화와 사회혼란을 우려한 국민들의 정서를 이용, 우파 시위대의 지지를 이끌어내는 한편, 노동자와 따로 협정을 맺어 혁명적 사태를 종결시켰다. 스탈린 체제는 프라하의 민주화운동을 탱크를 앞세워 무자비하게 진압했다. George N. Katsiaficas, *The Imagination of the New Left*(1987), 이재원·이종태 공역, 『신좌파의 상상력』(이후, 1999); Tariq Ali and Susan Watkins, 1968, *Marching in the Streets*(1998), 안찬수·강정석 공역, 『1968: 희망의 시절, 분노의 나날』(삼인, 2001); 노서경, 「서유럽부르주아 사회에 대한 마지막 항거」, 『역사비평』(2000).

[15] 여론의 지지를 불러온 대학생들의 반전운동에도 불구하고 미군은 수년 더 베트남에 머물렀으며, 1973년에 가서야 철수했다.

인간의 행복과 존엄성을 보장받기 위해서는 제도의 개혁이 아니라, 이를 운용하는 인간과 일상의 문화가 바뀌어야 한다는 주장이 설득력을 얻었다. 하나의 중심 가치가 아닌 다양한 시선과 가치를 제안하는 포스트모던 시대의 도래가 일상에서 느껴지기 시작했고, 저항음악도 그 꿈과 전략에서 다양해져갔다. 글램록과 펑크록은 이러한 역사적 맥락에서 탄생한 것이다.

이 글은 논의를 1970년대에 국한시키려 한다. 이 시대의 글램과 펑크가 굿윈의 '새로운 하위문화, 혹은 급진적 취향의 문화', 또는 윌리엄스가 설정한 '발생적' 단계의 전형으로 주목할 가치가 있기 때문이다.[16]

다음 장에서는 글램록의 스타일을, 3장에서는 펑크록의 음악적 태도, 가사와 사운드에 나타나는 반모더니즘, 반목적론, 반부르주아 특성을 살펴볼 것이다. 4장과 5장에서는 역사적 닮은꼴인 전근대[17] 카니발과 비교할 것인데, 먼

---

[16] 포스트모던 시대가 반드시 포스트모던 음악의 출현과 일치하거나, 포스트모던 음악으로 등장한 특정 음악이 영원히 그 위치를 유지하지는 않는다. 음악과 시대 조류 사이의 관계는 복합적이며 가변적이다. 제임슨은 모던 음악과 포스트모던 음악을 구분하여, 비틀즈와 롤링스톤스를 전자에, 펑크를 후자에 포함시킨다. Frederic Jameson, "Post Modernism or the Cultural Logic of Late Capitalism," *New Left Review 146*(1984). 반면 윌리엄스는 제임슨의 구분이 작위적이라고 비난하고, '발생적/지배적/잔여적'이라는 세 단계를 설정하여, 펑크는 70년대에는 포스트모던 음악으로 '발생적'이었으나, 80년대에는 지배적 문화가 되었음을 강조한다. Raymond Williams, "Base and Superstructure in Marxist Cultural Theory," *Problems in Materialism and Culture*(London: Verso, 1980).

[17] 서양사는 크게 1. 고대, 2. 중세, 3. 근대(르네상스 이후)로 나뉜다. 이는 르네상스 인문주의자들이 자신들의 시대를 중세 기독교시대와 차별화하기 위함이었

저 4장에서는 고전적 몸 vs 기괴한 몸이라는 주제로 인간의 몸을 이용하는 비판전략, 몸의 정치학 body politics이 카니발에서 글램과 펑크로 격세 유전된 흔적을 볼 것이다. 마지막으로 5장에서는 지배질서를 상징적으로 전복하는 축제의 기능을 비교할 것이다. 카니발과의 비교는 '가망 없는' 문화적 일탈이자 록의 돌연변이라 폄하되어온 글램과 펑크를 민중문화의 전통에서 새롭게 조명해줄 것이다.

2. 글램록: 스타일에 대한 매혹

1960년대 록에서 글램록으로의 교두보 역할을 했던 뉴욕 출신 밴드 벨벳 언더그라운드 이하 VU로 약칭함는 일찍이 히피운동이 만개했던 60년대 후반에도 이를 현실도피라고 비난했었다. 빈곤과 범죄, 인종차별, 동성애, 마약중독의 암울한 현실을 외면한다는 이유였다. "연기가 흐르기 시작할 때, 난 아무 걱정 없어…그때 사람들은 서로를 좌절시키고, 시체가 산더미처럼 쌓여가지"라고 노래하는 〈헤로인〉

다. 그러나 그 후에도 역사는 여러 번의 격변기를 맞아 더 이상 단일한 하나의 근대로 묶일 수 없게 되었다. 그리하여 근대를 다시 세분한다. 1) 전근대(early modern, 르네상스부터 18세기까지), 2) 근대(modern, 프랑스 혁명부터 20세기 냉전시대까지), 3) 포스트모던(post modern, 1960년대 탈냉전시대부터 오늘날까지)시대. 따라서 '근대'라는 용어를 접할 때 르네상스 근대인지 아니면 프랑스 혁명의 근대인지는 주의해야 한다. 이 글에서는 3시기가 아닌 5시기 구분법을 따른다.

은 약물부작용을 비난했고, 〈모피를 입은 비너스〉는 성행위를 해방 수단으로 삼는 허무함을 노래했다.[18] 1973년에는 거라지 밴드garage band[19]인 록시 뮤직이 글램록의 출현을 알렸다. 이들의 나른한 창법, 리듬을 무시하는 파격적인 연주는 고난도의 힘 있는 연주로 대표되는 60년대 록에 익숙해 있던 관객들에게 충격이었다.

록의 반영웅anti-hero이라 불리는 데이빗 보위는 1972년 《지기 스타더스트의 흥망·성쇠와 화성에서 온 거미》앨범으로 혜성처럼 나타났다. 기괴한 화장과 번쩍이는 의상, 연예인 최초로 양성애자임을 선언한 허위고백 등, 그의 등장은 사회적 물의를 일으켰다.

글램록은 다음과 같은 이유로 1960년대 록 음악도 비판했다. 첫째, 록의 가사에는 남성 우월주의와 나르시시즘이 반영되며, 록커의 삶에서 여성과 가족은 남성의 창조적인 일을 방해하는 존재로 간주된다.[20] 둘째, 이들이 필요로 한 여성은 정신적이고 예술적인 동반자라기보다는 익명의 육체이자 욕망의 출구였다.[21] 셋째, 비트족의 이데올로기도 창조력을 비관습과 동일시하며, 여성과 가족은 적대개념

---

18 두 곡 모두 *VU and Nico* 앨범에 수록되어 있다.
19 연습실을 빌릴 능력이 없어 차고에서 연습하는 밴드를 경멸적인 의미에서 칭한 용어.
20 프리스, 『록 음악의 사회학』, pp.121~123.
21 위의 책, pp.121~123.

으로 설정된다.[22] 록의 남성 영웅주의로 인해 마초적 남성성이 선호되던 60년대에 반발해 글램록은 '남성의 여성화' 스타일을 전면에 내세웠다.

VU를 탈퇴한 루 리드[23]도 붉은 립스틱과 진한 눈 화장으로 성 이분법을 교란하면서 글램록의 대열에 합류했다. 《베를린》(1973) 앨범의 수록곡들은 음울한 분위기로 독일 분단의 비극을 노래했다. 마지막으로 보위, 리드와 함께 글램록의 3대 스타로 손꼽히는 이기 팝Iggy Pop[24]은 빈민촌이 불타고 있으며 이곳 젊은이들에게는 "미래가 없다"고 노래했다. 이들의 체제 비판 태도는 뒤이어 등장한 펑크록이 물려받는다.

3. 펑크록: 자기 파괴의 미학

1) 미래는 없다

록의 충격과 전복의 힘은 1970년대 후반 영국에서 기원

---

22 위의 책, pp.121~123, 288.
23 1942년 뉴욕 브루클린 태생. 로큰롤에 대한 과도한 집착과 반항적인 행동으로 정신병동에서 전기충격 치료를 받았던 그의 경험은 영화 《벨벳 골드마인》에서 커트 와일드(이완 맥그리거)의 유년시절로 인용되었다.
24 이기 팝의 음악을 펑크록으로 분류하는 경우도 있다. 사실상 글램과 펑크는 시기적으로도 그렇고, 음악 관련자들도 중복되는 경우가 많다.

한 펑크록으로 이어졌다. 펑크 밴드들은 압제와 폭력, 빈곤과 실업, 그리고 정치부패로 인해 젊은이들의 미래는 암울하다는 가사를 강렬한 리듬에 실어 노래했다. "미래는 없다"라는 구호로 대표되는 펑크세대는 희망에 찼던 히피세대와 대조적이다.

1973년과 78년 두 차례에 걸친 석유파동으로 전 세계적인 경제 위기가 발생했고 영미 정부는 복지예산을 삭감했다. 타격은 하층민들에게 우선적으로 가해졌고 빈민가 뒷골목에는 직장을 잃거나 아예 가져본 적이 없는 젊은이들이 대낮부터 어슬렁거렸다. 이러한 시대적 위기감을 반영한 음악이 빈민층의 저항음악이자, 자기 파괴의 미학인 펑크록이었다.

영국 펑크의 대표주자는 섹스 피스톨스Sex Pistols 밴드였다. 이들은 1976년 싱글 곡 〈영국에 무정부를Anarchy in the U.K.〉, 이듬해인 1977년에는 첫 앨범 《얼간이들[25]은 신경 쓰지 마, 여기 섹스 피스톨스가 나가신다Never Mind the Bollocks, Here's the Sex Pistols》를 발표하였다. 1977년은 펑크의 원년이 된다. 이들은 공연 도중 유리조각으로 가슴을 자해하여 피를 흘리거나 관객들과 욕설, 폭력을 주고받는 극단적 행동으로 기존 질서와 모더니즘 감성에 거칠게 반발했다.

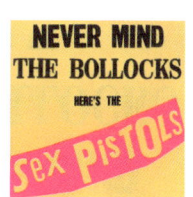

섹스 피스톨스의 첫 앨범 《Never Mind the Bollocks, Here's the Sex Pistols》 표지

---

25 Bollock은 남성의 고환을 칭하는 비속어이므로 '얼간이'라는 번역어는 뜻을 충분히 살리지 못하지만, 수위가 높은 비속어 사용을 피하기 위한 일종의 방편이다.

클래쉬의 앨범
《The Clash》의 표지

한편 정치적으로 보다 의식화되어 있으며, 전 세계 젊은 이들에게 폭넓은 공감을 얻어낸 밴드는 클래쉬Clash였다.[26] 밴드 성원들은 대부분 중산층 출신이지만 해체된 가정, 절도 경험으로 얼룩진 성장기를 보냈다. 이들은 행동하는 전위대로서 무장 폭동을 선동했다.[27] 클래쉬는 레게 음악의 요소를 도입하는 음악적 교류뿐 아니라, 주류 사회에서 밀려난 주변인이라는 공통점을 강조하면서 영국 내 자메이카 이주민과의 연대행동도 주창하였다.[28] 이들이 파시즘이나 극우정당의 인종 차별주의를 맹렬히 비난한 것도 동일선상의 행동이었다.

펑크에 대한 좌파 비평가들의 입장은 호의적인데, 다음과 같은 이유에서다. 첫째, 펑크는 노동계급 청소년의 의식을 대변한다. 둘째, 자본이 대중음악을 지배하는 관행에 도전했다. 셋째, 음악적 의미에 대해 의문을 제기해 새로운 사운드, 형식, 텍스트를 제시했다.[29]

세 가지 특성을 구체적으로 살펴보자. 첫째, 실제로 펑

---

[26] 이러한 평가는 밴드의 리더 조 스트러머(Joe Strummer)가 '이론가'이기도 하다는 사실 때문이기도 하다. 서로 다른 두 집단이 만나 긍정적인 결과가 발생할 거라는 의미의 만남을 뜻하는 '인카운터(encounter)' 대신에, 파괴적인 결과가 예상되는 충돌이나 심한 의견불일치를 뜻하는 단어 '클래쉬'를 택했다. 밴드의 결성 자체로서 이미 지배집단과 폭력적으로 충돌할 수밖에 없다는 감정구조를 드러내는 노골적인 밴드 명칭이다.

[27] Dister, *L'âge du rock*, p.123.

[28] 위의 책, pp.121~123.

[29] 프리스, 『록 음악의 사회학』, pp.201~203.

크록 음악인 대부분은 노동계급 출신이거나 동조자이며, 가정에서 이탈한 거리의 십 대, 소수인종과 동성애자 등 가난하고 소외된 자의 분노를 음악에 반영했다.

둘째, 자본의 지배를 거부한 점은 펑크가 지키려 했던 두 원칙에서 드러난다. 하나, 펑크는 축구 경기장과 같은 대규모 콘서트장을 피해 빈민가 골목에 즐비한 클럽의 무대를 선택했다. 이들 클럽은 또한 지방 거라지 밴드에게도 공연장 노릇을 할 수 있어, 펑크를 발전·보급시키는 산실이 되었다. 둘, 펑크는 다국적 음반사를 피해 소규모 독립 음반사(인디레이블)를 통해서만 음악을 배급했다. 주류사회의 이데올로기와 감성을 반복적으로 보급하는 대중매체와 거리를 두기 위해서였다. 충격과 교란의 힘을 약화시킨다는 이유로 록의 상업화 또한 거부했다. 그렇다고 이들이 대중매체라는 유용한 전파수단과 완전히 담을 쌓았다는 의미는 아니다. 이들의 비판전략은 고도로 계산된 것이며, 이를 알리기 위해서는 대중매체를 적절히 이용했다. 바로 이 지점에서 펑크록은 글램록과 교집합을 가진다.[30]

펑크의 세 번째 특성인 사운드와 텍스트는 다음 장에서 다루도록 하겠다.

---

[30] 이는 글램록으로부터의 인적·음악적 영향과 전략차용을 무시할 수 없기 때문이다. 신현준, 『록 음악의 아홉 가지 갈래들』(문학과 지성사, 1997), p.190.

2) 포스트모던 텍스트: 구조와 의미의 내파

이 장에서는 첫째, 펑크의 사운드, 둘째, 가사의 텍스트 구조, 셋째, 텍스트를 관객에게 전달시키는 방식 순으로 논의를 확장시켜보려 한다. 우선 사운드와 가사의 텍스트에서 나타나는 포스트모더니즘 현상, 즉 인식론에서의 반목적론적 경향, 일관된 흐름을 거부하는 비논리와 파편화에 주목해보자.[31]

첫째, 펑크는 60년대의 실험적인 전자 록 사운드에 대한 반발로 정교한 짜임새의 기교를 피하고 단순한 사운드를 추구하였다. 사운드는 보컬의 메시지를 일관된 흐름으로 전달하는데 도움을 주기보다는, 메시지를 방해하고 혼란시키는 역기능을 담당한다.

둘째, 가사의 텍스트 구조를 보자. 펑크는 노랫말 또한 비논리적이고 분절된 구조를 선호했다. 가사의 메시지는 파편화되며 혼란스럽게 전달될 뿐이다. 앞선 60년대의 록이 주류 사회를 비판하는 메시지를 분명한 의도를 가지고 논리적으로 전달했던 것과도 대조적이다. 60년대 록은 모더니즘의 텍스트 구조를 취했던 반면, 펑크는 이에 반발한다.

펑크의 텍스트 구조는 오히려 후일 미국 흑인 빈민가에

---

[31] 인식론에 있어서의 반목적론적 경향이나 '의미의 내파,' 대서사에 대한 불신과 이야기 구조의 파편화를 포스트모더니즘 현상으로 보는 입장에 대해서는 Hebdige, *Hiding in the Light*, pp.181~182 참조.

서 등장하여 90년대에 붐을 일으킨 랩(Rap) 음악의 비논리적이고 탈문법적인 넋두리에 가깝다.[32] 이러한 특성은 역사를 거슬러 올라가 근대 이전의 하층민이 말하는 방식과 맥이 닿는다. 16세기 종교개혁 이후 17세기까지 절정에 달했던 마녀사냥의 재판 기록은 마녀로 기소된 하층민의 진술이 비논리적이며 일관성 없는 횡설수설임을 보여준다. 라틴어로 훈련받은 종교재판관(Inquisitors)의 관점에서는 더욱 그러했다. 재판 기록에서 나타난 지배 엘리트와 하층민 사이의 소통불능 모습은 엘리트문화와 민중문화 사이의 엄청난 거리를 보여주는 하나의 예다. 이러한 거리는 오늘날에도 엘리트문화와 대중문화 사이에, 모더니즘과 포스트모더니즘 사이에, 그리고 대중문화 안에서도 60년대 정통록과 70년대 펑크록 사이에 일정 부분 존재한다. 해독이 힘들 뿐이지, 분절된 텍스트라 해서 의미가 없는 것도 아니며, 평론가들이 이해할 수 없다는 이유로 분석대상에서 빼도 되는 것은 더더욱 아니다.

펑크밴드의 보컬은 또한 비속어와 프롤레타리아 악센트를 사용하고, 불분명한 발음으로 중얼거리듯이 노래했다. 노동계급의 음성을 개발한 것이기도 하다.[33] 그들만의 언어

---

[32] 힙합도 백인 중산층의 표준어에 대한 반발로서 흑인 악센트, 그들만의 비속어를 사용하며, 가사구조는 파편화되어 있다. 랩의 텍스트 구조에 대해서는 Wheeler, Elizabeth, "Most of My Heroes Don't Appear on No Stamps: The Dialogics of Rap Music," *Black Music Research Journal* 11:2 참조.
[33] 프리스, 『록 음악의 사회학』, p.204.

와 억양을 사용하는 것은 하층민의 자기주장이며 계급정체성에 대한 자부심이다. 랩 음악 또한 아프리카계 미국인의 억양, 비속어, 중얼거림mumbling 형태로 재현된다. 이는 모더니즘 문화의 표준어 사용, 분명한 발음, 깨끗한 발성이라는 기본원칙과 적대관계에 놓인다.

셋째, 노래 도중에 수시로 질러대는 괴성을 보자. 서구의 합리주의 이래 모더니즘에 이르는 일관된 미학 양식은 언어를 통해 자아를 확인하는 전통이었다. 괴성은 이 전통에서 이탈하여, 언어의 흐름에 난입해 방해한다. 악기의 불협화음과 보컬의 괴성은 본질적으로 언어 이전의pre-linguistic 원시적인 소리에 가깝다. 그레일 마커스나 롤랑 바르트는 음악을 분석함에 있어서 바로 이 점, 보컬의 음색에 담겨지는 소리의 결grain이나 악기 연주 소리의 파장이 갖는 육감적인 호소력과 충격효과가 가사의 메시지 전달기능보다 일차적이며 근본적이라고 주장한다.[34]

합리주의 발달 이전의 역사 속에서 괴성의 닮은꼴을 찾아보자. 괴성이 반모더니즘의 흐름에 속한다면, 닮은꼴도 근대 이전에서 찾을 수 있다. 적잖은 예가 있겠지만 이 글에서는 비교대상인 전근대 민중문화의 샤리바리charivari 관행을 보겠다. 샤리바리는 고양이불어로 chat, 샤리바리를 '고양이질하기'로 번역하기도 한다를 괴롭힐 때 나는 비명이나 냄비를 두드려

---

[34] Richard Middleton, *Pop Music and the Blues*(London: Edward Arnold, 1972); 프리스, 『록 음악의 사회학』, pp.33~41, 208~209에서 재인용.

내는 소리 등 하층민의 일상에서 악기의 역할을 대신하는 소리, 또는 이러한 소리를 내며 떼 지어 몰려다니는 행위를 가리킨다. 샤리바리는 카니발 기간에 주로 행해졌다. 특히 오쟁이 진 남편cuckold[35]에게 모욕을 주는 공동체 차원의 자발적인 처벌관행에 흥겹게 동반되었다.[36]

샤리바리와 록 음악의 괴성은 거슬릴 정도로 자극적인 소리라는 점, 하층민의 불만과 응어리를 외부로 분출시켜 해소하는 점, 이 과정에서 정당성을 알리고 공동체의 지지를 획득하려는 점, 다시 말해 특성과 목적, 효과 면에서 동일하다.

마지막으로 모더니즘의 독백론과 펑크의 대화론 특성을 비교해보자. 섹스 피스톨스의 콘서트는 종종 관객과 욕설을 주고받았다. 이는 랩 음악이 청중과 사설을 주고받는 방식을 연상시킨다.[37] 일방적으로 들려주는 형식이 아니라

---

[35] 바람난 아내를 둔 바보 남편을 가리키는 용어였으나 오늘날은 단순한 바보, 얼간이로 의미가 축소되었다. 오쟁이 진 남편의 유명한 예로는 고대 로마의 카이사르 장군, 그리고 프랑스의 루이 16세가 있다. 역사는 시대에 따라 감성과 법질서가 달랐음을 보여주는데, 카이사르 때는 전쟁에서 돌아와 아내가 지참금을 들고 집을 나갔음을 알아도 아끼던 말이 집을 나간 정도의 불행한 일로 받아들였다. 루이 16세도 동정을 받을지언정 왕비를 간통으로 처벌할 수 없었다. 이를 수치스러운 일로 받아들이는 감성의 변화는 간통을 사적인 일이 아닌 법적 처벌대상으로 바꾼 근대 법제도상의 변화와 맥을 같이한다.

[36] 샤리바리 관행에 대해서는 Robert Darton, *The Great Cat Massacre*(New York: Basic Books, 1984), pp.83, 96~97, 100-101, 132; Nicolson, "Drama, Images of Women," pp.439~445 참조.

[37] 대화론적 특성은 서구의 대중음악뿐 아니라, 우리나라의 판소리나 탈춤에서도 발견된다.

관객과 즉흥적인 소통을 시도한다는 점에서, 모더니즘 문화의 오랜 전통인 독백형식을 파괴한다. 근대 이전까지 존재했던 민중문화의 대화론 형식의 부활이다. 전근대 카니발 연극에서도 관객과 배우가 뚜렷하게 구분되지 않았으며, 공격적인 비속어를 내뱉고 풍자적인 시가詩歌를 불렀다.[38]

같은 콘서트장이라도 클래식 음악이 연주되는 공간을 떠올려보면 두 문화의 차이가 더욱 명백해질 것이다. 클래식 콘서트는 일방적으로 들려주는 방식을 택하며, 연주 도중에는 기침 소리도 자제해야 한다.[39] 관객은 박수와 환호를 보내는 반응만을, 그것도 정해진 순간에만 허락 받는다. 관객의 자유롭고 즉흥적인 개입으로 인해 콘서트의 내용이나 흐름이 변질될 가능성은 닫혀 있다. 정해진 규칙을 어기고 교향곡의 각 악장이 끝날 때마다 박수를 치거나, 감동을 느꼈다고 아무 때나 격한 신음소리나 괴성을 입 밖으로 낸다면, 기본 매너를 모르는 문외한으로 비난의 눈총을 받는다.

엘리트문화와 다른 빈민가 청소년의 반항적인 정서는 모더니즘, 즉 이성과 논리로 짜여 있으며, 위로부터 아래

---

[38] Peter Burke, *Popular Culture in Early Modern Europe*(London: Temple Smith, 1978), pp.182~184.
[39] 콘서트장에 따라서는 감기라도 걸린 관객이 연주 도중 기침하는 것을 자제시키기 위해 입구에 목캔디를 대량으로 구비해놓는다.

로, 더 교육받은 자로부터 그렇지 못한 자에게로 주어지는 패러다임을 거부했다. 가난한 십 대들은 정형성을 거부한 자유분방함, 그 자체에 일체감과 자부심을 느꼈다.

4. 고전적 몸 vs 기괴한 몸: 몸의 정치학

1) 글램록의 양성체

위에서 살펴보았듯이 악기와 보컬의 소리, 가사에 실린 저항적인 감정 구조도 중요하다. 그러나 글램과 펑크가 음악을 듣지 않는 다수의 사람을 포함해 사회적인 파장을 일으켰던 주요 이유는 다름 아닌 '몸의 정치 body politics'를 이용했기 때문이다. 몸을 이용해 지배문화를 비판하는 전통은 오랜 역사를 갖는다. 이 장에서는 글램, 펑크와 전근대 카니발에 등장했던 기괴한 몸을 비교함으로써, 몸이 저항성을 드러내는 공개적인 무대임을 보고자 한다.

바흐친 Mikhail Bakhtin 은 고전적인 육체와 기괴한 육체를 대별하고 그 의미를 다음과 같이 해독했다.

> 고전적 육체는 고급/공식문화의 일관된 형식으로, 사회적 규범, 그리고 근대화 과정에서 등장하는 진보적 합리주의와 일치한

다. 원주 위에 고결하게 서 있는 조각상[40]에서 느껴지듯이, 고전적 육체는 보는 사람에게 존경심을 강요하는 영웅적 존재이다. 반면 내장이 밖으로 튀어나왔거나, 신체 일부분이 혐오스럽게 과장된 기괴한 육체는 민중축제에서 반복적으로 재현되며, 우스꽝스럽고, 저급하며, 비정상적이고, 다중적인 자아를 표현한다.[41]

기괴한 육체는 카니발의 상징이었다. 몸은 공권력의 탄압대상이 아니었다. 그러나 근대화 과정에서 공권력이 발달했고 개인의 몸, 그와 관련된 상상력과 행동은 감시와 처벌의 대상으로 분류되었다. '자기억제는 인간본성에 위배된다.'고 주장한 사드는 생의 절반을 감옥에서 보냈다.[42] 근대인은 자연스러운 신체욕구를 무대 뒤로 감춰야 했다. 세련된 매너는 서구문명의 징표가 되었다.[43] 기괴한 몸은 자취를 감췄고, 고전적 몸이 그 자리에 대신 전시되었다.

근대화 과정에서 사라졌던 기괴한 몸은 1970년대 글램

---

[40] 필자 주. 조각상 아래에 놓이는 원형이나 사각형의 받침대를 가리키는 고대 그리스어가 에이돌론(eidolon)이며, 이로부터 아이돌(idol), 우상이라는 단어가 파생되었다.

[41] Peter Stallybrass and Allon White, *The Politics and Poetics of Transgression*(1986), 원용진 옮김, "바흐친과 문화 사회사 –위반의 정치학," 여홍상 엮음, 『바흐친과 문화 이론』(문학과 지성사, 1995), pp.138~143.

[42] 사드(Donatien-Alphonse-Françoise de Sade)는 왕정기, 혁명기, 나폴레옹 제정기에 걸쳐 부단히도 투옥되었고, 61세에는 여론 무마를 위해 샤렝틴 정신병원에 감금되어 이곳에서 사연 많은 생을 마감했다.

[43] Nobert Elias, 유희수 옮김, 『매너의 역사』(신서원, 1995); Michel Foucault, *Surveiller et punir: naissance de la prison*(Paris: Editions Gallimard, 1975).

과 펑크에서 부활했다. 양성애 코드를 함축했던 글램록과 자기학대를 시각화했던 펑크록을 단순한 윤리적 일탈이 아닌 비교문화사의 시각에서 다시 해독해야 하는 이유다.

1970년대 글리터록을 포함한 티니 밥에서부터 글램록에 이르기까지, 장르는 달랐지만 대담한 화장을 하고 번쩍이는 의상으로 감싼 기괴한 몸이 대거 등장하였다. 이는 모더니즘 문화뿐 아니라, 스웨이드 재킷, 청바지와 장발로 대표되던 60년대의 자연주의에도 반기를 든 스타일이었다. 60년대 록이 매체를 거부했던 것과는 반대로, 이들은 기괴한 몸을 매체를 이용해 노출했고 대중의 시선을 끌었다.

보위의 시대별 이미지를 합성한 베스트앨범 표지

뉴욕 돌스가 선보인 여장, 록시 뮤직의 진한 화장, 보위의 양성애 선언으로 글램록은 규범이고 진리이며 정상이었던 남성성 vs 여성성이라는 성gender 이분법을 조롱했다. 핵폭탄이라도 투하된 양 격렬한 반응이 쏟아져 나왔다. 한쪽에선 보수적인 지배문화와 전통 엘리트층의 혐오감이, 반대쪽에선 60년대 록 지지자들의 반감이 터져 나왔다. 지배문화와 저항문화를 대표하는 상이한 두 집단이 이번만은 같은 편에서 한 목소리를 낸 것이다.

그 분노의 배후에는 역사적으로 뿌리 깊은 성차별 담론이 자리하고 있다. 프랑스 혁명으로 왕정을 폐지하고 19세기 근대의 새로운 주인이 된 부르주아들은 혁명 이전의 귀족문화가 성역할과 경계를 모호하게 뒤섞음으로써 구체제의 혼란이 가중되었다고 주장했다. 귀족 남성의 여성화, 그리고 귀족 여성의 정치참여가 국가를 무기력하고 퇴폐적으로 만들었다는 것이다.[44] 이 논리는 20세기 초까지 여성을 참정권에서 제외시키는 데 기여했다. 이러한 집단무의식의 공포를 안고 형성된 근대 성 담론은 본능적으로 글램록의 성 경계 교란행위를 거부했다.

성 경계 허물기는 낯설지만 새로운 창조물은 아니다. 성역할을 뒤집는 관행은 전근대 카니발에서도 존재했다. 카니발의 주제가 다름 아닌 '뒤집어진 세상 the world upside down'[45]이었다. 축제기간에는 상징의 층위에서나마 왕이 광대가 되고, 광대가 왕이 되는 '세상 뒤집기'가 행해졌다. 마찬가지로 남성은 여장을, 여성은 남장[46]을 하며 성역할을 전도시켰다. 이는 기존질서에 대한 전복의 상징이었다. 그리고 이를 연출하는 무대는 다름 아닌 개인의 몸이었다.

카니발의 세상 뒤집기, 그 전복적 상징성을 글램 또한 기괴한 몸으로 연출한 것이다. 사회적 물의를 일으켜 여론을 참여시키는 과정에서 기괴한 몸은 저항의 상징이 됐다. 이미지 image가 공동체를 사로잡는 마술 불어로 magie[47]이 된 것

44　Antoine de Baecque, "Pamphlets: Libel and Political Mythology," in *Revolution in Print: The Press in France, 1775~1800*, ed. Robert Darnton and Daniel Roche(Berkeley: University of California Press, 1989), pp.165~176 참조.

45　*le monde renversé, il mondo alla rovescia, Die verkehrte Welt*는 각 문화권에서 흔히 발견되는 주제였다. Burke, *Popular Culture in Early Modern Europe*, p.188.

46　위의 책, p.183.

47　이미지와 마술은 불어에서 같은 철자로 구성되어, 철자 바꾸기 놀이(아나그램 anagram)로 변형되는 두 단어다. Régis Debray, *Vie et mort de l'image*(Paris:

이다. 드브레가 지적했듯이 '상징의 게임'은 '단체 경기'이기 때문이다.48

2) 펑크록과 야수의 몸

섹스 피스톨스의 제작자 맥래런Malcom McLaren 또한 몸이 표현하는 저항적 감정구조를 이용했다. 록시 뮤직의 제작자이기도 했던 그는 런던의 킹스 로드에 있는 자신의 가게를 털다 걸린 조니 로튼Johnny Rotten 일당을 발견해, 이들을 밴드로 키웠다. 밴드 리더인 로튼이나 뒤늦게 합류한 기타리스트인 시드 비셔스Sid Vicious의 음악성이 낮다고 인정하면서도, 이를 문제 삼지 않았다. 오히려 이 좀도둑들이 낙오된 패배자, 인간쓰레기, 마약중독자, 뒷골목 양아치, 애송이 살인청부업자처럼 보였기 때문에, 그가 구상해온 밴드로서 적격이었다.

섹스 피스톨스의 기타리스트, 시드 비셔스

이들의 불건전한 태도는 언론에 자주 언급되었고, 급기야 1977년 영국여왕 즉위 25주년 행사를 망칠지 모를 잠재적 위험요소로 지목되었다. 기념행사에 맞추어 발표된 역설적인 제목의 곡 〈여왕폐하 만세God Save the Queen〉는 방송금지 처분을 받았다. 이 조치는 관계당국의 적극적인 대

Gallimard, 1992), 정진국 옮김, 『이미지의 삶과 죽음』(시각과 언어, 1994), p.35.
48 위의 책, p.82.

《여왕폐하 만세》 앨범표지

응이었다. 다시 말해 펑크 음악과 음악인의 몸에서 체현되는 불건전한 이미지가 여왕의 신체로 상징되는 지배문화와 대립함을, 몸이 도발하는 저항적 감정 구조가 위험함을 인정한 것이다.

방송금지 조치 이후 이 곡은 오히려 언론의 주목을 받았고, 영국 팝 차트 정상에 올랐다. 언론의 주목 덕분에 이들의 자기 파괴 미학은 런던의 뒷골목을 넘어서 미국의 빈민가 청소년에게까지 번져 나갔다. 찢어진 청바지와 귀, 코, 눈썹, 입술, 혀 등 다양한 신체 부위에의 피어싱piercing, 면도날로 전체를 면도한 민머리나, 가운데만 남겨 강렬한 색으로 염색한 닭 벼슬 머리는 대학까지 침투했다. 난폭한 이미지와 스타일은 빈민가 청소년에게 쾌감을 주었다. 놀란 중산층 부모들은 자녀를 이로부터 격리하려 애썼다.

낯설고 혐오스럽게 몸을 꾸미는 방식은 1990년대에도 이어진다. 펑크록의 맥을 잇는 시애틀 중심의 언더그라운드 밴드 너바나는 룸펜 프롤레타리아로 보이는 그런지 룩grunge look을 고집했다. 이 스타일이 젊은이들 사이에 유행함으로써 저항음악은 다시 한 번 그 존재를 확인했다.

기괴한 몸은 가장 자율적이어야 하면서도 실제로는 공권력에 의해 교묘하게 통제되는 개인의 신체를 이용하여 지배문화를 조롱하는 단체 게임이다. 글램록에서 펑크록으로 이어지는 1970년대의 기괴한 몸은 대중의 지지를 이끌어 내 하나의 유행, 나아가 반문화 축제로 발전한 것이다.[49]

5. 카니발과 록 콘서트: 질서의 전복

글램록과 펑크록 콘서트는 음악만을 들려주는 무대가 아니라 지배문화를 풍자하는 총체적인 행위 예술 무대였다. 무대에서는 고급문화의 도덕 체계가 조롱되고, 그 가치가 지배하는 일상의 억압구조가 상징적으로 전복된다. 뒤집어진 세상은 미래사회가 꿈꾸는 유토피아다. 이 점에서 록 콘서트는 다시 전근대 카니발의 전통을 계승한다.

카니발은 첫째, 억압된 자들의 저항문화이며, 둘째, 단순한 윤리적 파괴가 아니라 하층민이 본 새로운 질서이며, 셋째, 미래에 구현될 유토피아를 위한 리허설이었다. 축제는 일상으로부터의

'세상 뒤집기'를 표현한
18세기 프랑스 판화

---

[49] 펑크 룩(look)의 유행에는 치밀하게 계산된 상업 전략도 중요한 몫을 한다. 맥라렌의 파트너이자 디자이너인 비비안 웨스트우드, 클래쉬 밴드의 매니저 버니 로즈의 기획이 빠질 수 없다. 그러나 특정 스타일이 유행했다는 사실은 70년대 뒷골목 청소년의 정서를 성공적으로 대변했음을 반증한다.

탈출을 의미한다. 하층민들은 노동을 중단하고, 비축된 음식을 먹고 술을 마시는 해방과 환희의 시간을 즐겼다. 카니발은 결혼과 성관계가 집중적으로 이루어지는 축제인 동시에 언어적, 물리적 폭력이 난무하는 파괴와 신성모독의 축제였다. 오쟁이 진 남편, 세금징수원, 나아가 영주의 성까지 공격하였다. 1637년 마드리드 카니발 행렬에는 피부가 벗겨진 분장을 한 사람이 "소비세와 인지세가 내 피부를 벗겨낸다"고 외치며 가장행렬에 참가했다.[50] 과세에 대한 하층민의 전통적 불만은 구체제를 무너뜨린 1789년 프랑스 혁명에도 이어져, 혁명의 도화선이 된다. 시끌벅적하게 불만을 드러내고 공동체의 지지를 이끌어내는 민중축제, 매년 반복되는 관행은 하나의 전통이 되고, 전통tradition은 민중에게 정통성legitimacy을 확보해준다.

앞서도 언급한 '세상 뒤집기'는 카니발 기간에 다양하게 연출된다. 남편이 아이를 돌보고, 아내가 한가롭게 담배를 피우는 성역할 뒤집기,[51] 물고기가 하늘을 날고 사람들이 물속을 헤엄쳐 다니는 가축을 사냥하는 세상 뒤집기[52]는 민중 판화에서 인기 있

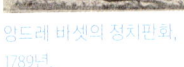
앙드레 바셋의 정치만화, 1789년.

50 Burke, *Popular Culture in Early Modern Europe*, p.187.
51 그림출처 위의 책, 그림 17.
52 그림출처 위의 책, 그림 17.

는 주제였다. 이는 지배질서에 대한 불만과 이의 전복을 꿈꾸는 유쾌한 상상력이었다. 보다 정치적인 판화는 프랑스 혁명 기간에 넘쳐났다. 두 명의 귀족[53]을 등에 업고 힘겹게 걸어가던 농부는 역할 전도와 세상 뒤집기의 상상력에 따라 귀족의 등에 올라타는 것[54]으로 바뀐다. 하층민이 이해한 부당한 현실이며, 미래 사회로 제시되는 유토피아다.

이제 카니발의 상상력이 근대를 뛰어넘어 포스트모던 시대인 1970년대로 격세 유전된 사례를 보자. 성적 소수자에 대한 부당한 억압에 대한 반발은 글램록 콘서트에서 새로운 질서가 된다. 마찬가지로 펑크록 콘서트의 파괴적이고 과격한 행동과 하층민의 말투, 문법 파괴는 공식문화를 밀어내고 새로운 질서가 된다. 그리고 반복해서 개최되는 이들의 콘서트는 유토피아 실현을 위한 리허설로 기능한다.

마지막으로 전근대 카니발과의 차이점을 보자. 카니발은 정해진 날짜에 열리는 '인가된 행사'다. 달리 보면 사회 통제의 한 방식이며 공식문화의 이익에 봉사한다는 주장이 여기에서 나온다.[55] 그럼에도 불구하고 축제는 역사에

---

[53] 위의 책, 그림 17.

[54] Paris, Musée Carnavalet. 위의 책, 그림 19. 이외에도 같은 주제의 판화가 여러 종류 유통됐다. 등장인물이 대검귀족(게르만 정복 이래의 전사귀족)과 법복귀족(법관직을 매매해 귀족으로 신분 상승한 상층 부르주아), 아니면 대검귀족과 성직 귀족인 경우도 있다. 그림의 구도 또한 직접 농부의 등에 올라탔거나 농부가 깔린 널따란 바위에 올라탄 것 등 다양하다.

[55] Terry Eagleton, *Walter Benjamin: Towards a Revolutionary Criticism*(1981), 윤혜준 옮김, 「벤야민과 축제」, 『바흐친과 문화 이론』, pp.166~182.

서 실제로 민중봉기라는 사회적 충돌로 이어졌다.[56]

반면 록 콘서트는 스스로 축제의 장소와 시점, 규모를 선택하는 자율성을 확보한다. 카니발에 비해 유리한 조건인 듯하지만, 콘서트가 주목할 만한 사회적 충돌로 이어진 예는 없다. 그렇다고 콘서트가 '사회적 충돌'을 일으키지 못하는 무기력한 소란이라는 뜻은 아니다. 합리적으로 통제된 근대사회에서 프랑스 혁명과 같은 정치 혁명이 성공할 가능성은 지극히 낮아졌다.[57] 그렇다면 저항집단이 택할 수 있는 방법은 문화충돌이다. 정치 혁명을 꿈꾸는 대신 문화충돌을 택하는 것은 1960년대의 꿈이 좌절된 이후의 현실적인 대안이자 시대흐름을 읽어낸 전략이다. 이 변화가 다름 아닌 '저항문화의 합리화' 과정이 아닐까?

6. 마치며

1970년대 후반 글램록은 소멸했다. 짧은 기간 불꽃처럼 타올랐던 펑크록 또한 클래쉬의 앨범 《런던콜링London

---

[56] Emmanuel Le Roy Ladurie, *Le Carnaval de Romans*(Paris: Editions Gallimard, 1979); N. Z. Davis, *Society and Culture in Early Mordern France*(Stanford: Stanford University Press, 1975).

[57] 1789년 프랑스 혁명 이래 1830년 혁명, 1848년 혁명 등 일련의 혁명은 평화로운 시기에 발생하여 정치체제 또는 통치자를 교체시키는 데 성공했다. 그러나 1848년을 기점으로 전쟁 패배와 같은 공권력 붕괴상태가 아니라면 더 이상 혁명이 성공하기 힘들 정도로 근대의 사회통제는 정교하게 합리화되었다.

Calling》(1979)이 상업적으로 성공을 거두면서 폭발적이고 저항적인 감정구조를 잃어갔다. 미국에서 펑크는 하드코어 펑크로 발전하여 1980년대 인디록(Indie Rock)[58]으로 이어졌으나, 빈민가와는 거리가 먼 대학 캠퍼스에 국한되었다.

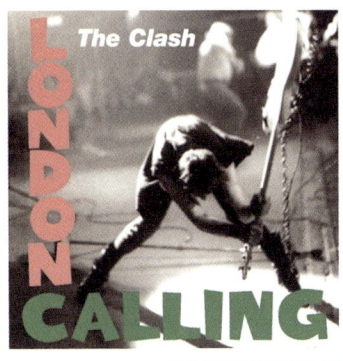

클래쉬의 1979년 앨범 《런던콜링》 표지

이들 음악이 생성기의 힘을 잃고 쇠퇴기로 들어선 데에는 정치, 사회경제적 요인, 대중음악의 구조 변화가 복합적으로 작용하였다. 1970년대 후반부터 본격화된 세계 경제위기는 80년대 영국과 미국에서 대처와 레이건의 신보수주의를 강화시켰다. 이들은 사회복지비를 삭감하는 등 하층민을 희생시켜서 경제 불황을 탈출하려 했고, 문화적 소수자를 억압했다. MTV시대를 연 80년대 음반 산업에 대규모 자본이 투자되었고, 자본의 증식 논리에 따라 이익을 창출할 수 있는 무난한 대중음악이 양산됐다. 이처럼 음악계가 처한 대내외적인 변화로 1980년대는 앞선 60년대나 70년대에 비해 저항음악이 급격히 위축되었다.

하지만 글램록이 도발한 비판적 성 담론은 미국 중심의 자본주의 세계와 소련 중심의 국가사회주의 세계 양쪽 모

---

58 Independent rock의 준말인 Indie Rock이라는 장르 명칭에서 드러나듯이 이들도 대자본의 지배로부터 '독립적'이고자 노력했기에, 대형 음반사, 대형 경기장 콘서트, MTV, 주류 언론을 피해 소규모 음반사, 클럽공연, 지방 라디오나 대학 방송을 이용했다.

두에서 성적소수자를 억압했던 기존 문화에 변화를 일으켰다. 동성애자와 여성의 권리 찾기 운동이 활기를 띠게 된 것이다. 펑크록도 빈곤과 소외라는 사회문제를 해결할 수는 없었지만, 빈민가 청소년의 정체성과 자부심 형성에 동기를 부여하였다.

글램과 펑크는 시간이 흐름에 따라 퇴조했지만, 저항정신과 전략은 21세기 초 힙합으로 이어졌다. 새로운 도전은 항상 생성될 것이다. 그리고 이는 무에서 유를 창조하는 작업이 아니라, 글램과 펑크가 전근대 카니발의 전승이었듯이 역사와 전통의 흔적을 새긴 형태일 것이다. 그러하기에 과거 역사와의 비교를 통해 우리 시대 문화의 숨겨진 의미와 낯선 상징이 풍요롭게 해독될 수 있다.

문명, 가족, 사랑과 행복에 관한 두 개의 시선: 디즈니 VS 미야자키 하야오

1. 시작하며

문화사가인 버크는 문자로 기록된 텍스트 못지않게 이미지로 기록된 텍스트 또한 역사적 증거라고 주장한다.[1] 버크의 주장은 문자역사에서 이미지역사 시대로 접어드는 변화를 지적하고 있다. 그렇다면 이미지가 더 효과적으로 증언할 수 있는 것은 무엇인가?

"한 점의 그림은 천 개의 단어보다 많은 것을 말한다." 쿠르트 투홀스키의 말이다.[2] 르네상스역사의 대가인 부르크하르트도 이미지가 특정 시대 인간의 사고구조와 시대

---

[1] 피터 버크 저, 박광식 역, 『이미지의 문화사: 역사는 미술과 어떻게 만나는가』 (심산, 2005), p.19.

[2] Kurt Tucholsky(1890~1935). 유태계 독일작가. 1차 세계대전 후 "전쟁체험자 평화동맹"을 결성하여 9월 1일을 반전의 날로 선포하는 데 참여하였다. 투홀스키의 인용문은 버크가 「이미지의 증언」 서두에 인용한 것을 재인용했다. 위의 책, p.17.

상을 보여주는 증거물이라고 본다. 이미지는 문자 기록이 놓친 정보를 전달하기도, 같은 대상을 다르게 보여주기도 한다. 한 시대의 미의 기준을 기록한다고 가정해보자. 문자는 시각정보를 문자라는 약속된 기호로 분해해deconstruct 기록한다. 독자는 머릿속에서 이를 종합해 이미지로 재구성한다reconstruct. 이는 '이미지(원형) → 문자(분해) → 이미지(재구성)'라는 이중의 전달과정을 거친다. 그 사이 정보는 원형에서 멀어진다. 반면 이미지로 기록한다면 '이미지(원형) → 이미지(재현)'로 문자기호로 전환되는 과정을 생략해 원형을 보다 직접적, 총체적으로 전달할 수 있다. 또한 문자보다 전달과 해독의 속도가 빨라 정보홍수시대에 적합하다.

다양한 형식의 이미지 중에서 만화는 특별한 해독훈련 없이 폭넓은 연령층이 쉽게 접할 수 있는 매체다. 만화의 역사는 원시시대 동굴벽화로 거슬러 올라간다. 보다 가까운 기원으로는 16~17세기 종교 전쟁 시기를 들 수 있다. 인쇄술의 혁명과 판화기술의 발달 덕에 가톨릭과 개신교측은 경쟁적으로 상호비방 판화를 유통시켰다. 그림과 글자가 결합된 판화는 오늘날의 지면만화와 유사한 형태를 갖추었다. 프랑스 혁명 시기에는 마리 앙투아네트 왕비를 공격하는 포르노그래피가 범람했다. 19세기에는 신문에 삽입되는 정치, 사회 풍자만화와 연작만화가 등장해 인기를 끌었다. 그리고 19세기 말 영상의 발명으로 만화는 지면에서 나와 움직이는 애니메이션으로 재탄생했다.

일부에서는 대중오락 장르인 만화가 역사연구 자료가 될 수 있는지 의문을 제기한다. 그동안 허구는 역사적 증거가 될 수 없으며, 단지 문학일 뿐이라고 인식되어온 게 사실이다. 하지만 사실이 허구보다 우위를 점했던, 그리하여 역사학이 문학보다 우위를 점했던 시대는 지났다. 헤이든 화이트가 지적했듯이 이러한 현상은 인류가 자신이 속한 세계를 사실주의적으로 이해하기를 열망했던 19세기 유럽의 정신이며, 랑케로 대표되는 실증주의 역사학의 지배가 치였다. 포스터모던 시대에 사실과 허구의 명확한 경계가 무너졌고,[3] 역사학자들은 허구를 분석하기 시작했다.

한 예로 단턴은 17~18세기 민담에 주목한다.[4] 민담은 분명 허구이며, 지식인의 합리적인 사고구조로는 이해하기 힘든 수수께끼와 상징으로 가득하다. 문장도 완결되지 않고 끝나는가 하면 어느새 다음 구절로 이어진다. 이야기 구조에도 기승전결이나 인과관계 등의 논리적 흐름에 구애받지 않는다.

구전민담은 텍스트의 유연성으로 인해 청중에게 화답하는 과정에서 지역에 따라, 시대에 따라 이야기 구조를 바꾼다. 영국민담은 밝은 분위기를 유지하며 행복한 결말

---

[3] 관련문헌으로는 김기봉, 『팩션시대, 영화와 역사를 중매하다』(프로네시스, 2006).
[4] 로버트 단턴 저, 조한욱 역, 『고양이 대학살』(문학과 지성사, 1996) 중 제1장 「농부들은 이야기한다: 마더 구스 이야기의 의미」. 이 책은 *LA Times* 역사학 부문 최우수도서상을 수상하였다.

을 선호한다. 영국이 다른 나라보다 먼저 농업 혁명을 이룩해 만성적 기아로부터 탈출한 현실이 반영된 것이다.[5] 반면 독일민담은 폭력, 공포, 초자연적인 환상으로 가득하며, 강도 높은 노동과 인고의 가치를 강조한다. 안개 낀 미지의 숲과 척박한 토지, 생존을 위한 고된 삶이라는 지역현실이 이야기에 스며들기 때문이다.[6] 민담은 허구다. 하지만 단턴의 주장처럼 스스로 기록을 남기지 않는 문맹집단인 전근대 하층민의 삶과 정신세계로 들어가는 귀중한 통로이다.

지역에 따라 상이한 음조로 전근대 농민세계의 흔적을 남긴 민담은 샤를 페로와 그림형제에 의해 문자텍스트로, 다시 디즈니에 의해 애니메이션으로 변형되었다. 그 과정에서 복잡하고 다양했던 지리적 차이, 역사적 경험, 특유의 정서가 희석되었다. 어린이가 주요 독자층이 되면서 적합지 않다 여겨진 부분은 검열 과정에서 폐기됐고, 비극은 행복한 대단원으로 바뀌었다.

새로운 판본의 출현은 새로운 시대, 새로운 망탈리테mentalité의 출현을 의미한다. 근대인은 세계화 과정으로 그 이전 시대 사람들보다 국가나 계급을 초월한 보편적 가치 기준과 행동규범을 따른다. 프랑스 혁명과 산업 혁명 이후 서구 부르주아는 의회민주주의, 산업기술문명, 그에 동반

---

5 위의 책, pp.65~72.
6 위의 책, pp.42~50, 82.

된 진취적 기상을 보편가치로 내세웠다. 디즈니는 이러한 근대가치를 충실히 반영한다.

물론 1970년 이전까지의 몇몇 해외판 디즈니 지면만화나[7] 미국 중서부보다 지식인의 인구밀도가 높다는 동부에서 더 많이 팔리는 반영웅 만화는 좀 더 다양한 입장을 취했다. 해외 편집자들은 각국 대중의 취향에 맞게 원본을 변형하거나 아예 자체 제작을 했다. 1960년대 저항문화 집단인 비트족으로 도널드 덕을 변형시킨 《페더리 덕 *Fethery Duck*》이나 냉전시대 인기 스파이물인 《007》을 우스꽝스럽게 풍자해 동그란 오리 눈을 표제로 실은 《O.O Duck》이 미국에는 없지만 해외에서 큰 인기를 끈 자체제작물이다.[8] 미국에서 제작된 디즈니만화도 브라질과 이탈리아 판본으로 바뀌면 폭력과 유혈이 낭자해지고, 스칸디나비아 국가들과 독일, 네덜란드 판본에서는 차분한 모험담으로 변형되었다.[9] 디즈니도 구전민담처럼 각 지역에 따라 탄력적으로 변형됐었다는 사실은 꽤 흥미롭다.

이 글에서는 1990년 아카데미 주제가상과 음악상을 수상한 《인어공주》를 시작으로 제2의 전성기를 맞아 더욱

---

[7] 아리엘 도르프만, 아르망 마텔라르 저, 김성오 역, 『도널드 덕, 어떻게 읽을 것인가』(새물결, 2003). p.22.

[8] 디즈니 만화는 미국 중서부와 남부에서 판매부수가 높은 반면, 동부에서는 시장점유율이 낮다. 도르프만, 『도널드 덕, 어떻게 읽을 것인가』, pp.22~23.

[9] 위의 책, p.24. 1970년대 이전에 대해서는 Steven Watts, *The Magic Kingdom, Walt Disney and the American Way of Life*(Columbia, 1997) 참조.

디즈니의 1991년 애니메이션 《미녀와 야수》

미국화된 디즈니와, 그 대칭점에 놓이는 미야자키 하야오[10]의 애니메이션을 비교할 것이다. 비교분석을 위해 문명, 가족, 사랑, 행복이라는 네 개의 모티브로 나누어 접근할 것이다. 문명과 그 최소단위인 가족은 우리가 속한 세상을 이해하는 틀이며, 사랑과 행복은 개인을 가족과 문명에 연결시키는 핵심감성이자 가치기준이기 때문이다.

2. 문명과 자연

미셸 푸코가 강조했듯이, 우리는 반복되는 것의 중요성만큼이나, 선택되지 않고 배제된 것에 관심을 가져야 한다.[11] 디즈니는 근대문명과 사회문제에 대해 침묵한다. 물론 칼 바크스처럼 사회현실을 풍자한 만화가가 디즈니에도 있었다. 그러나 바크스 전집을 발행한 출판사는 그림원본에 명시되었던 "노동자들의 천국"을 "맥덕 앤터프라

---

10 일본은 애니메이션 최대 수출국이다. 지면만화 또한 일본에서 판매되는 모든 단행본과 잡지수익의 40퍼센트 이상을 차지하며, 일본인 일인당 연평균 15권의 만화책을 읽는다. 프레드릭 L. 쇼트, 『이것이 일본만화다』(다섯수레, 1999), pp.18~19. 저패니메이션의 대표자인 미야자키는 스승이자 《아톰》의 작가인 데츠카 오사무의 상업성을 비판하기도 했다. 《아톰》은 2010년 미국에서 《아스트로 보이》로 리메이크됐다.

11 버크, 『이미지의 문화사』, pp.287~288.

이즈"로, "혁명"을 "전쟁"으로 바꿔야만했다. 냉전이 종식됐고, 소련과 동구권의 사회주의 체제가 붕괴된 1980년대 말에도, 위의 문구를 용납할 수 없었던 디즈니사의 압력 때문이었다.[12]

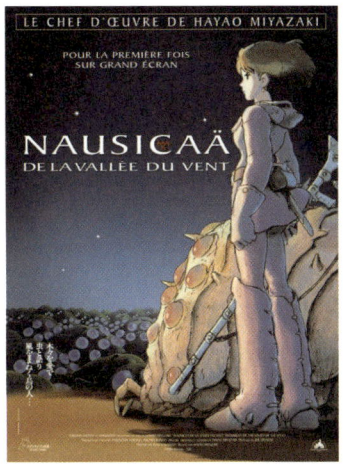

《바람계곡의 나우시카》에서는 근대문명에 대한 비판의식이 드러난다.

미국과 제3세계라는 정치적으로 복잡한 관계는 미국여행객과 순박한 원주민 사이의 즐거운 조우로 단순화된다.[13] 둘 사이에 갈등은 존재하지 않는다. 각 지역의 인종, 언어, 문화 차이가 무시된 모호한 타자인 비서구문명권은 문명세계가 활용할 자원이 원주민의 미개함으로 방치된 세계일 뿐이다.[14] 19세기 제국주의가 정복과 약탈의 땅으로 관념화한 동방, 오리엔탈리즘[15]의 연장이다. 산업 혁명 후 본격적인 기계 도입으로 인한 노동소외, 아동노동, 계급양극화와 구조적 빈곤, 제3세계 경제수탈이라는 모든 문제를 외면한 가상공간으로의 초대는 세계 주요도시에 세워진 테마파크 '디즈니월드'에서도, 또 극장과 TV 애니메이션으로도 계속된다.

---

12 도르프만, 『도널드 덕, 어떻게 읽을 것인가』, p.31. 1967년에 은퇴한 바크스의 원고는 1980년부터 1990년까지 미국에서 총 30권의 전집, 『칼 바크스의 월트 디즈니 만화문고』로 출판되었다.

13 도르프만, 『도널드 덕, 어떻게 읽을 것인가』, pp.94~98.

14 위의 책, pp.94~95.

15 에드워드 사이드, 『오리엔탈리즘』(교보문고, 2000)을 참조.

1) 근대문명의 파괴적 속성

미야자키는 대조적으로 근대문명을 정면에서 비판한다. 기계문명이 무기 산업을 발전시켜 전쟁을 부추기며 인간과 자연을 파괴한다는 점이 그의 작품세계를 관통한다. 《바람계곡의 나우시카》(1984)는 "거대 산업문명이 붕괴되고 나서 천년 후"라는 가상미래시점으로 시작한다. 2차 대전 막바지 나가사키와 히로시마에 투하된 원자폭탄에 대한 집단적 트라우마trauma가 반영됐다. 살아남은 주민들은 나우시카를 중심으로 '바람계곡'에 평화적인 무정부주의 공동체를 꾸려나간다.16 자연과 교감하는 능력을 타고난 나우시카는 유독가스를 뿜어내는 '부해 숲'이 사실은 오염된 토양을 정화하는 중임을 알게 된다. 바람계곡을 공격해 오는 외부집단은 기계문명을 상징하며, 느리게 재생되어가는 자연을 다시금 파괴하는 오류를 반복한다. 세계 멸망이라는 비극적 역사도 새로 등장한 문명집단에게 교훈이 되지 못한 것이다.

시점이 과거로 돌아간 《원령공주》(1997)도 문명의 파괴

---

16 버날은 기술, 권력, 희생과 명예라는 사무라이 코드로 뭉쳐진 일본식 군국주의적 근대화에 대한 반성으로 일본의 공상과학만화는 종종 평화적인 대안을 꿈꾼다고 주장한다. 이 주장은 버날이 분석한 공상과학만화뿐 아니라, 미야자키 하야오의 만화에도 적용된다. D. Vernal, "War and Peace in Japanese Sci-fi Animation: An Examination of Mobile Suit Gundam and The Mobile Police Patlabor," *Animation Journal*, Fall, 1995, vol. 4, 폴 웰스, 『애니마톨로지@』(한울아카데미, 2001), pp.325~326 재인용.

적인 속성을 언급한다. '에보시'가 이끄는 제철소는 다른 집단보다 뛰어난 무기인 조총을 개발한다. 조총으로 살해된 동물들은 '재앙신'으로 변해 인간에게 해를 끼친다. 급기야 자연계 최고신인 '시시신'까지 인간에 의해 목이 잘리고, 그 잔해로부터 탄생한 재앙신은 세계를 파멸시키려한다. 종국에는 주인공들이 시시신에게 목을 돌려주어 숲이 부활하지만, 감동적인 서사적 결말에도 불구하고 남녀 주인공은 각자의 길을 간다. 함께 마을로 가

《원령공주》

서 인간으로 살자는 아시타카의 제의를 늑대소녀인 '산'은 "인간을 결코 용서할 수는 없다"는 말로 거절한다. 《원령공주》는 정복과 파괴가 문명의 속성임을 직시한다.

미야자키의 9번째 장편 애니메이션인 《하울의 움직이는 성》(2004)[17]에서는 성문 손잡이의 회전판을 돌릴 때마다 다른 공간으로 이어지는 마법이 일어난다. 문을 열면 포화로 불바다가 된 전장, 평화로운 대초원, 바닷가 마을, 변화한 도시가 펼쳐진다. 전쟁과 평화의 대조적인 공간들, 그리고 결국에는 초원으로 날아와 폭격을 가하는 전투비행대를 통해 미야자키는 전쟁 앞에 평화가 얼마나 무기력한지

---

[17] 이하 《하울》로 줄임. 영국 작가 다이애나 윈 존스의 1986년 동명 동화를 각색한 것이다. 부분적으로는 그 이유로 《하울》은 미야지키의 전작에서 나타났던 남녀 주인공의 동료애보다는 낭만적 사랑과 행복한 결말을 받아들였다.

를 보여준다.

평화와 전쟁은 각각 하울의 의식세계와 무의식의 세계를 상징한다. 낮 시간의 평화로운 공간에서의 하울은 자신의 미모가 망가졌다는 이유만으로도 좌절해서 몸이 녹아내리는 어린아이 같은 존재다. 하지만 밤이 되면 괴조怪鳥의 형상으로 전장의 붉은 하늘을 날며 폭격기를 파괴해 전쟁피해를 최소화하려 애쓴다.

식물학자 나카오 시스케의 조엽수림론에서 영향을 받은 미야자키는 모든 작품에서 풀과 나무, 숲을 장대하고 아름답게 묘사한다. 미래사회를 디스토피아로 묘사하는 《은하철도 999》나, 리들리 스캇 감독의 《블레이드 러너 Blade Runner》에서 숲이 등장하지 않는 것과 대조적이다. 미야자키는 문명이 자연을 파괴한 후에도 자연은 고유의 재생력으로 살아나리라는 믿음을 유지한다. 미래의 희망이 되는 주인공도 남성이 아닌 여성으로 설정한다. 자연이 여신으로 상징되는 고대신화 전통의 연장이며, 그의 작품에서 에코페미니즘이 읽히는 지점이기도 하다. 그리고 이 지점에서 신분상승을 꿈꾸는 디즈니의 여주인공들과의 차이 또한 발생한다.

2) 마법이 사라진 근대

근대화, 산업화 이후의 경제적 풍요에도 불구하고 인류가 잃어버린 것이 있다. 바로 이성과 과학으로 설명되지 않는 초자연과 마법의 세계다. 마법은 15세기의 르네상스와 16세기의 종교개혁, 17세기의 과학혁명, 18세기의 계몽주의라는 엘리트문화의 발전과 병행해서 사라져갔다. 과학지식이 진보할수록 점점 더 이해할 수 없게 된 민중문화와 마법은 미신적이고 야만적인 것으로 공격받아 사라졌다.

초자연과 마법의 흔적은 오늘날 민간신앙이나 판타지 문학에서 희미하게 발견된다. 시미즈 마사시는 판타지도 하나의 거대한 신앙이라고 주장한다.[18] 전근대 민중축제에서 판타지는 하층민에게 미래의 낙원, 즉 유토피아를 제시했다. 유토피아는 고된 노동, 기근과 죽음의 공포에 시달리는 하층민에게 긴장을 완화해주는 기능을 했다.[19] 유토피아는 동시에 이의 실현을 꿈꾸며 저항정신을 키워내는 동력이었다. 고통스러운 현실을 위로하고 이상향에 대한 믿음을 강화하는 기능에서 판타지는 종교와 공통분모를 갖는다.

과학의 발달로 종교가 현대인에게 미치는 무게와 의미

---

18 시미즈 마사시, 『미야자키 하야오 세계로의 초대』(좋은책만들기, 2004), p.14.
19 이는 중세 기독교에서 사후 천국으로 갈수 있는 일종의 대기 공간으로 폭발적 인기를 누렸던 연옥이 담당했던 역할이기도 하다. 자세한 것은 자크 르 고프, 『연옥의 탄생』(문학과지성사, 2000) 참조.

《하울》괴조 모습의 하울(위), 마법에 걸린 소피와 무 인간(가운데). 초원을 이동하는 움직이는 성(아래).

가 달라졌다 해도, 종교는 여전히 정신적 순기능을 수행한다. 마찬가지로 수수께끼와 환상, 비논리에도 불구하고, 혹은 바로 그 점 때문에 판타지와 마법은 감성의 오아시스로서 유효하다.

유토피아란 고대 그리스어로 '어디에도 없는 곳'이다. 인간이 도달할 수 없는 이상향이자, 역사가 "가지 않은 길"이다. 사회학자인 막스 베버Max Weber는 상징과 기호로 가득 찬 민중문화가 사라져버린 근대를 "마법이 풀려버린" 세계라 했다.[20] 마법은 근대가 타자화한 것, 즉 이성보다는 반이성, 문명보다는 자연과 교감할 때 다시 살아난다. 마법사들과 전투비행기가 공존하는 가상역사를 제시한 《하울》은 새로운 시선으로 접근한 또 하나의 근대성 비판이다.

---

20 Peter Burke, *Popular Culture in Early Modern Europe*(London: Temple Smith, 1978), p.258.

3. 근대가족과 정치

1) 가부장제의 가족정치 드라마

두 번째 분석 모티브는 가족이다. 가족은 앞서 살펴본 문명을 구성하는 기본단위로, 개인과 문명사회 사이에 존재한다. 디즈니는 근대 부르주아 가족제도를 옹호한다. 자상하면서도 위엄 있는 아버지를 중심으로 지탱되는 행복한 중산층 가족은 건국의 아버지들Founding Fathers이 시작해서, 그 후예인 WASPWhite Anglo-Saxon Protestant이 이어가는 미국사회의 중추다.

미국 가족은 프랑스 가족과 비교할 때 차이가 드러난다. 프랑스는 1789년 혁명으로 국가의 아버지인 루이 16세를 처형했다. 그 후 "반권위"를 구호로 한 68혁명까지 프랑스는 가부장 제도를 약화시킨 근현대사를 걸어왔다. 반면 미국역사에선 건국의 아버지들 이후 아버지의 위상이 크게 침해된 적이 없다.

미국 역사를 반영하듯 디즈니 또한 나쁜 아버지를 설정하지 않는다. 악인의 역할은 삼촌이 대신한다. 평생 제대로 된 일거리를 찾지 못하고 세 조카 루이, 듀이, 휴이를 괴롭히는 도널드 덕, 그의 수전노 삼촌인 스크루지 덕, 《라이언 킹》(1994)의 무파사가 바로 나쁜 삼촌들이다.

도널드는 휴가를 함께 보내겠다던 약속을 어기고 조카

《라이언 킹》에서 심바는 삼촌 무파사를 물리치고 아버지의 뒤를 이어 정글의 왕이 된다.

들을 속였다. 영리한 조카들은 삼촌이 고발되도록 상황을 반전시켰고, 도널드는 결국 재판에 회부되어 조카들의 보호감찰을 받게 된다. 조카들은 부당하게 행사되었던 삼촌의 권력을 제거한다.[21]

무파사가 왕국을 파탄에 빠뜨렸을 때도 암사자나 다른 동물들은 어떠한 시도도 하지 않는다. 그저 집 떠난 왕위 계승자인 심바가 돌아오기만을 기다린다. 심바는 방랑생활을 청산하고 돌아와 부패한 섭정 무파사를 물리치고 권좌를 되찾는다. 여기까지는 도널드의 조카들과 동일한 행보다. 다만 오리가 아닌 사자이기에 이야기 전개는 규모를 키운다. 심바의 후계자가 될 아기사자가 태어나 모든 동물의 찬양을 받는 대단원에서는 아프리카 초원을 가득 메우는 웅장한 코러스가 울려 퍼지며 왕조의 영속성이 보장된다.

가부장제라는 가족정치 드라마의 완성이다.

2) 가족해체

미야자키의 가족은 디즈니 가족처럼 내부결속이 강하고 외부에 대해 배타적이지만은 않다. 문명이 파괴된 후 자연 상태로 돌아간 《바람계곡의 나우시카》에서는 가족보

---

21 도르프만, 『도널드 덕, 어떻게 읽을 것인가』, pp.78~79.

다 무정부주의적인 촌락공동체가 우선시되며, 《하울》에서는 혈연관계가 없는 마르클과 노망난 황야의 마녀가 가족으로 받아들여진다. 《원령공주》의 산과 아시타카도 가족에 소속되지 않은 개인으로 존재한다. 인간은 가족 안에서 문명화되며, 가족은 최소의 정치단위라는 것이 아리스토텔레스의 주장이며[22] 근대가족은 이를 지지한다. 반면 산은 가부장적 가족제도를 비판한 플라톤에 가깝다.[23]

가족해체는 미야자키뿐 아니라 다른 일본 작품에서도 흔히 언급되는 주제다. 오시이 마모루의 《마로코》(1990)는 기성세대가 신봉하는 가족중심주의가 과연 개인의 행복을 희생할 정도로 가치 있는지 의문을 제기한다.[24] 이는 프랑스 혁명 전야에 『폴과 비르지니』나 『롤로트와 팡팡』 등[25] 수많은 소설이 가족해체를 주제로 했던 사회현상과 유사하다. 이들 소설은 붕괴되어가던 절대주의 정치를 은유하

---

[22] 앙드레 뷔르기에르 외, 『가족의 역사 1: 오래된 세계, 이질적인 선택』(이학사, 2001), pp.221~244.

[23] 플라톤은 *The Republic*에서 가족, 특히 가장을 중심으로 한 폐쇄적인 아내의 소유, 유산상속, 자식으로의 권리 이전을 비판했다. "여성전사들은 공동으로 살아가며, 그 어떤 여자도 어떤 특정한 남자와 살지 않는…자식들 역시 공동소유인" 사회를, 그리고 가족과 다음 세대의 재생산이 분리되는 유토피아를 희망했다.

[24] 산업사회 역군이자 소시민층 중년인 아버지의 일생에 걸친 노력은 가족해체로 허무해진다. 박인하 외, 『일본 애니메이션, 아니메가 보고 싶다』(교보문고, 1999), p.222.

[25] *Paul et Virginie*(1788)는 출판 이듬해인 1789년부터 1799년까지 10년 동안에 30개의 판본이, *Lolotte et Fanfan*(1788)은 1788년과 1810년 사이에 10개의 판본이 출현할 정도로 인기를 끌었다. 헌트, 『프랑스 혁명의 가족 로망스』, pp.56~57.

는 모티브로 가족해체를 선택했고, 이에 공감한 독자들의 폭발적 반응을 끌어냈다. 미야자키나 오시이의 인기 또한 우리 시대 획일적 가족상에서 벗어나 다수의 사람들이 공감할 지점을 제공했기 때문일 것이다.

3) 비주류에 대한 억압

디즈니는 비적출 자녀_{사생아}를 추방하고 비주류를 소외시킨다. 소재의 다양성을 좇아 디즈니는 1990년대 말 동화에서 고대신화로 눈을 돌렸다. 그러나 이렇게 탄생한 《헤라클레스》(1997)는 가족의 테두리가 유연했던 고대사회의 역사성을 무시하고 근대가족가치를 적용시켜 이야기 구조를 왜곡했다. 제우스신이 아내인 헤라여신을 속이고 혼외관계에서 낳은 비적출이라는 헤라클레스의 탄생 자체를 은폐한 것이다. 고대신화에서 가장 위대한 영웅인 헤라클레스조차도 출생배경을 숨기고 "정치적으로 올바르게" 재탄생하지 않는 한, 디즈니성에 입성할 수 없었다.

이야기의 시작이자 열쇠인 탄생배경이 바뀌자 이야기의 음조와 핵심주제도 상당히 바뀌었다. 어머니가 인간인 헤라클레스가 신들과 달리 불사가 아니라는 사실이 무시되면서, 그의 모험은 이제 단순한 놀이로 축소된다. 목숨을 걸고 외로이 운명에 맞선다는 고대신화의 비장한 정서 또한 사라져버린다. 물론 어린이를 보호하기 위한 검열이라고 이해할 수도 있다. 하지만 영웅의 정체성, 그 최초의 단계를 부정한 것은 그와 비슷한 사정을 가진 아이들에겐 가혹한 눈속임과 차별이다.

비적출과 마찬가지로, 디즈니는 주변인이 중심사회로 진입하는 것을 금지한다. 디즈니는 1970년에 국내외에서 활동하던 자유계약 작가들에게 『만화예술세부규칙』이라는 안내서를 지급했다. 이에 따르면 작가는 허락 없이 새로운 캐릭터를 만들 수 없다. 기존 캐릭터의 상향적인 계층이동 또한 금지되었다. 안내서는 "조연들은 결코 주연이 될 수도 없고, 스타가 되어서도 안 된다"는 구체적인 항목을 명시했다.[26]

이후 디즈니 만화가들은 이 규칙을 지켜야 했고, 아니면 디즈니를 떠나야했다. 1970년 이전에 미키 마우스의 친구로 출발하여 주연으로 발탁된 도널드 덕만이 예외다. 1990년대 미국 ABC 방송의 고난도 퀴즈 프로그램인 '제파디 Jeopardy 쇼'는 다음 문제를 출제했다. "조연에서 출발해서 주연이 된 디즈니 만화캐릭터, 여자 친구 이름은 데이지."[27] 여자 친구에 관한 힌트가 없더라도 정답은 오직 하나, 도널드 '더 원 앤 온리 the one and only' 덕이다.

도널드 덕은 디즈니에서 유일하게 조연에서 주연이 된 캐릭터이다.

---

[26] 도르프만, 『도널드 덕, 어떻게 읽을 것인가』, p.25.
[27] 해당 퀴즈쇼는 문제와 정답의 순서를 바꾸어, 진행자가 답을 주면 그에 해당하는 문제를 참가자가 맞히는 형식이다. 주어지는 답이 도널드 덕에 대한 설명이고 참가자가 "도널드 덕은 누구인가?"라는 문제를 맞힌다.

4. 성gender과 사랑

1) 여성의 사회적 소속체계

세 번째로 거론할 모티브는 성과 사랑이다. 백설공주, 인어공주, 《미녀와 야수》(1991)의 벨, 그리고 전투에 참가해 나라를 구한 《뮬란》(1998)조차도 결혼이 여성의 삶에서 대단원이라는 행복이데올로기에 충실하다. 결국 아버지의 보호에서 남편의 보호로 옮겨가는 종속적 구조. 여주인공의 삶에서 최대의 사건은 결혼이며, 그 후 남성중심사회 안에서 안전한 위치를 보장받는 빅토리아 시대 청혼방식의 복사판이다. 디즈니의 사랑관은 19세기에서 성장을 멈췄다. 세기가 두 번이나 바뀐 오늘날에도 동일한 남녀구도가 반복되는 한 디즈니는 진화하는 관객과 더 이상 소통할 수 없을지 모른다.

미야자키 작품에서 성역할의 경계는 보다 유연하다. 사랑과 우정의 형태도 다양해진다. 《바람계곡의 나우시카》, 《천공의 성 라퓨타》(1986)[28]를 거쳐 《원령공주》에 이르면 여성의 사회적 성, 다시 말해 젠더gender로서의 여성은 더 이

---

[28] 스튜디오 지브리 설립 후 미야자키의 첫 장편이다. 조나단 스위프트의 소설 『걸리버 여행기』 3부 「공중의 섬 라퓨타」에서 아이디어를 취했다. 미야자키의 TV시리즈 《미래소년 코난》의 극장용 리메이크 작품과 같은 인물, 이야기 구조를 전개한다.

상 캐릭터의 핵심이 아니다. '산'은 자연에서 이리신 모로가 키워준 문명화 이전 단계에서 살아간다.[29] 산의 캐릭터에선 성별이 아니라, 자연을 지키는 역할이 핵심이다. 에보시와 그녀가 이끄는 여전사들, 그리고 《공각기동대》의 쿠사나기도 성별은 여성이지만 최강의 전사라는 점에서 빅토리아 시대의 여성과는 다르다.

이들은 사회적 성역할, 그와 관련된 표준적인 이미지나 미의 기준, 기호나 취향으로부터 해방되어 있다. 지난 세기 말부터 역사책은 여성참정권을 요구하며 거리로 나온 여성, 1·2차 세계대전 때 남성을 대신해 공장에서 일한 여성을 포함시켜 근현대사를 다시 쓰고 있다. 디즈니가 외면하는 이들 여성을 다른 애니메이션에서 볼 수 있는 것은 다행이다. 우리에게 필요한 건 정보의 다양성이다. 애니메이션도 예외는 아니다.

2) 에이즈 공포와 성적소수자

근대 이전의 농경사회가 대단위의 공동노동에 적합한 대가족을 유지시킨 반면, 근대산업사회는 도시생활에 적

---

[29] 그런 이유 때문인지 한창완은 산을 소년이라 오해했고, 《원령공주》를 "미야자키식의 휴머니즘과 자연주의, 남성위주 사상 등 일관된 주제를 보여주는"라고 평한다. 한창완, 『저패니메이션과 디즈니메이션의 영상전략』(한울아카데미, 2001), p.121.

합한 핵가족을 탄생시켰다. 근대가족을 이루는 소수의 구성원 간에는 그 어느 때보다 내밀한 감성과 사생활이 중요해졌다. 동시에 모순되게도 근대 이후 공권력은 사랑과 결혼에 법적으로 관여하기 시작했다.

디즈니는 남녀의 사랑만을 지지한다. 1980년대 최초의 에이즈AIDS 환자가 보고된 후, 신보수주의를 표방한 레이건 정부는 동성애자에 대한 공격에 앞장섰다. 같은 시기 일본 만화에서는 야오이Yaoi라는 특정 장르가 탄생, 성적소수자를 옹호했다. 장르명칭의 유래에서 알 수 있듯이,[30] 야오이는 극적인 요소나 반전, 혹은 의미도 없이 두 남성의 사랑 이야기를 반복하는 삼류 만화였다. 그러나 장르가 발전하면서 점차 성적 비주류의 소외와 고통, 그리고 윤리라는 명목으로 주류집단이 권력을 행사하는 방식 등의 주제가 전면에 등장하였다.

지면만화로는 유키 카오리의 『천사금렵구』와 『백작 카인』시리즈, 애니메이션으로는 다케미야 게이코, 《바람과 나무의 시》(OVA[31], 1987년), 오자키 미나미, 《절애絶愛》(OVA, 1992), 극장용 애니메이션 《X》(1996) 등이 대표적이다. 이

---

[30] 야오이는 Yama-nashi, Ochi-nashi, Imi-nashi의 머리글자를 딴 합성어이다.

[31] OVA(Original Video Animation)는 극장용보다 위험부담이 적고, 상대적으로 만화가의 자율성이 보장된다. 저예산으로 완성이 가능하고 흥행에 성공하면 손쉽게 연재물로 연장가능하기 때문이다. OVA의 첫 작품은 오시이 마모루, 《달로스》이며, 그의 첫 히트작인 《메가존》에서는 사이버캐릭터의 원조인 이브(Eve)가 등장한다.

장르는 음울하고 파괴적이며 염세적이다. 디즈니라는 낙원에는 존재하지 않는 정서다.

성차별은 모든 사회적 차별의 원형이다. 따라서 성차별을 고발하는 이 장르는 모든 차별에 대한 기본적이고 일상적인 저항논리를 던진 셈이다. 그럼에도 이 장르는 또 다른 소외를 만들어냈다. 남성동성애에 집중하면서, 여성이 사라져버린 것이다. 독자층이 젊은 여성임에도 이러한 현상이 나타나는 이유는 첫째, 성적 타자에 대한 극단적인 이상화의 투영이며 현실도피성향이다. 둘째, 오랜 세월 상품화되어온 여성의 성에 대한 반발로 남성의 성을 상품화하고 소비하는 기능이다. 두 번째 기능은 여성의 사회 진출이 늘어나면서 강화되는 추세다.[32]

남성동성애를 소재로 다룬 애니메이션 《세계 제일의 첫사랑》

21세기에 들어 주목할 만한 변화는 동성애 커플의 결혼이 일부국가에서 합법화된 현실을 반영해 애니메이션의 정서도 다정하고 유쾌해졌다는 점이다. 나카무라 순기쿠 원작의 애니메이션 《순정 로맨티카》(2008)와 《세계 제일의 첫사랑》(2011)은 동성애 장르로, 또 코믹장르로 분류된다. 애니메이션에서건 현실에서건 성적소수자에 대한 편견이 줄고, 행복한 사람들이 늘어가는 것은 사회전체의 행복지수를 높이는 바람직한 일일 것이다.

---

[32] 이 장르에 등장하는 남성은 여성의 미적 감각이나 취향에 맞게 창조된다. 『플레이보이』지로 대표되는 포르노산업이 남성이 규정하는 여성의 성적매력을 널리 보급한 것처럼, 그 역현상이 성립한 것이다.

5. 행복과 불행

1) 이해할 수 없는 불행

마지막으로 검토할 모티브는 행복과 불행이다. 디즈니 세계에서 행복은 노력하는 자만이 얻을 수 있고 불행은 이유 없이 찾아오지 않는다. 서구의 합리주의 전통이다. 반면 미야자키는 행복과 불행에 인과관계를 적용하지 않는다.

《원령공주》는 "재난이 지니는 이해할 수 없고 비정한 성격,"[33] 전근대 민담의 핵심정서를 담고 있다. 아시타카는 동물을 죽이거나 재앙신을 공격하지도 않았지만, 팔에 저주가 내려 몸 전체로 서서히 퍼진다. 그는 노파로 변장한 요정에게 비오는 밤의 안식처를 제공하지 않은 《미녀와 야수》의 왕자도 아니고, 탐욕 때문에 벌을 받는 동화 속 소인배들도 아니다. 단지 저주가 "인간이 선택할 수 없는 운명"으로 다가왔을 뿐이다.

《하울》에서도 소피는 오해 때문에 황야의 마녀로부터 저주를 받아 18살 소녀에서 90세 노파로 늙어버린다. 그러나 《원령공주》와는 달리 한층 경쾌해진 《하울》에서 소피는 노파로 변한 자신의 몸을 신기하게 관찰하는 여유와 유머까지 보인다. 부당하다고 억울하다고 호소 한 번 하지 않

---

33 단턴, 『고양이 대학살』, p.86.

는다. 이해할 수 없는 것에 대해서 침묵하라는 비트겐슈타인의 철학을 소피는 노파의 연륜으로 그냥 안다.

2) 보상이 없어도 좋은 결말

근대 부르주아 이념이 요구하는 규칙을 따를 때 인간은 행복하리라는 약속은, 천국을 약속하는 종교만큼이나 강한 자극동기이다. 민담이나 역사 기록에서 비극으로 끝나는 《인어공주》와 《포카혼타스》[34]도 디즈니는 행복한 결말로 바꾸었다. 디즈니에서 행복은 하나의 강박관념이다.

사건을 해결하고 미인을 얻는 영웅담에서 행복은 승리와 동일시된다. 어린이는 일찍부터 승리에 대한 욕망을 학습한다. 미국의 연예프로는 한 주를 정리하면서 승자와 패자를 뽑는다. 패자는 창피를 당한다. 지난주의 승자도 이번 주엔 패자가 될 수 있다. 단지 시상식에서 옷을 잘 못 입었다는 이유만으로도. 일상이 피곤한 전장인 셈이다.

하지만 '승리하다'를 뜻하는 영어단어 win은 '바라다'라는 'wen'에서, '패배하다'의 lose는 '자유롭다'라는 'los'에서 유래했다. 영화 《카사블랑카》(1942)에서 험프리 보가트는 사랑하는 여인을 쟁취하는 대신, 레지스탕스 운동의 지도자와 떠나게 도와준다. 상대 여배우인 잉그리트 버그만이

---

[34] *Pochahontas*(1995)는 디즈니 장편 애니메이션으로는 최초로 실제인물과 역사적 사건에 기초한 이야기를 각색한 작품이다.

《센과 치히로의 행방불명》의 센은 영웅적인 과제를 완수하고도 하쿠와 헤어진다.

달려와 안기는 장면을 찍을 때 상자 위에 올라가 있어야 했다는 키 작고 미남도 아닌 그가 헐리웃 최초의 멋진 패자cool loser 캐릭터로 한 획을 그은 이유는 그가 선택한 자의적 패배, 움켜쥐는 대신 비울 줄 아는 초연함 때문이다.

보가트처럼 《원령공주》의 나이 어린 산도 자신을 키워준 이리가 죽었음에도 아시타카와 함께 마을에 정착하는 대신 자연으로 돌아가는 걸 선택했다. 《센과 치히로의 행방불명》의 센도 영웅적 과제를 완수하고도 하쿠와 헤어진다.[35] 이들에게 과업 완수나 전투 승리가 꼭 보상이 주어질 때 의미 있는 것은 아니다. 남녀가 함께여야만 행복한 것도 아니듯이.

---

[35] 치히로(센)는 마녀 유바바로부터 부모를 구할 뿐 아니라, 어린 시절 강에 빠졌을 때 자신을 구해주었던 강의 수호신 하쿠의 진짜 이름까지도 강의 명칭에서 추론해내어 하쿠가 잊었던 기억을 찾게 한다. 그럼에도 치히로는 유바바의 세계를 빠져나올 때 하쿠와 헤어져야 했고, 그곳에서의 기억은 잊게 되어 있다. 다시 만나자는 약속을 했지만 하쿠의 강은 이미 재개발로 매립되어 사라졌다. 관객들의 낙관적인 전망에도 불구하고 필자는 사실상의 이별로 본다.

6. 마치며

디즈니는 전 세계 어린이에게 가슴 벅찬 꿈과 행복의 동화를 선물했다. 하지만 제3세계와 자연을 무대의 뒤로 보냈고, 남성영웅중심의 이야기 구조로 여성과 주변인을 소외시켰다. 반면 미야자키는 근대문명을 비판하고 상처받는 자연과 소외된 주변인을 이야기했다. 유대인학살 생존자를 아버지로 둔 아트 슈피겔만이 이 사건을 『쥐』로 그렸듯이,[36] 히로시마 원폭의 트라우마를 간직한 미야자키가 근대성 비판 정서를 작품에 담는 건 자연스러운 일이다.

《크리스마스 전야의 악몽》의 팀 버튼이나 《이온 플럭스》(2005)의 캐릭터를 창조한 재미교포 피터 정도 기회가 되면 다뤄보고 싶다. 이들이 디즈니의 제작방침에 반대해 디즈니를 떠난 점은 연구대상으로서 흥미롭다. 우리나라의 5공화국 시절 방송금지 처분을 당한 찰스 M. 슐츠 역시 소심한 열등생인 찰리 브라운과 말없이 베토벤을 연주하는 슈뢰더 등 다양한 캐릭터를 창조한 작가다. 슐츠는 1명의 우등생이 아닌 99명의 열등생을 위해 작은 일을 하고 싶어 했다.

유럽에서 활동하는 만화가 슈이텐과 평론가 피터스는 서구 청소년이 서구만화보다도 일본만화를 더 좋아하는

---

[36] 이 작품은 만화로는 최초로 퓰리처상을 수상했다.

이유를 흔히 말하는 것처럼, 일본만화를 보면서 자랐기 때문이거나 일본만화의 폭력성을 좋아하기 때문만이 아니라고 했다. 1950년대와 60년대의 유럽만화가들이 그랬듯이, 오늘날 일본만화가들이 우리 시대의 기호를 성공적으로 포착해 대중과 밀접하게 소통하기 때문이라는 것이다.[37] 슈피겔만이 지적했듯이 만화는 연극보다 유연하고 영화보다 철학적이다. 연극보다 가슴을 뛰게 하며 영화보다 기억에 남는 애니메이션과 또 만나길 기대한다.

---

[37] 프랑수아 슈이텐, 브누아 피터스, 『이미지, 모험을 떠나다』(현실문화연구, 2003), p.19.

에필로그

식탁 위의 문화충돌

돼지고기의 수용은 게르만족을 야만스런 타자에서 유럽인으로 받아들인 역사다.
설탕소비로 아프리카와 라틴아메리카 대륙은 희생됐고,
럼은 '슬픔의 술'이 되었다.

1. 거시사와 미시사 차원의 문화충돌

프롤로그는 역사의 각 시기마다 주목할 만한 문화충돌과 그 결과에 관한 짧지만 긴 이야기가 되었다. 어디까지가 이해를 돕는 친절한 설명인지, 어디부터가 불필요한 장광설인지를 구별하기는 참으로 어렵다. 이 글은 주제를 음식문화충돌로 좁혀서 역사란 매력적인 학문임을 상기시키려는 부록 같은 이야기이다.

낯선 것과 만나 그에 영향을 받는 변화는 거시사 macro history와 미시사 micro history 차원의 양쪽에서 접근할 수 있다. 가령 프롤로그에서 언급한 종교와 정치제도의 전환은 거시사 차원의 변화다. 가톨릭만을 믿던 단일한 종교공동체인 유럽이 종교개혁 이후 개신교를 받아들인 일, 또 왕정에 익숙한 프랑스인이 혁명으로 공화정을 세운 일이 대표적이다. 장기적으로 종교의 자유와 모든 인간의 권리를 확대하는 방향으로 진화했지만, 충돌 초기의 격렬함으로 인해 많은 희생이 동반됐다.

　미시사 차원의 충돌과 수용은 일상에서 비교적 조용히 진행된다. 식탁 위에서 일어나는 변화를 보자. 음식이 발달한 나라치고 문화예술이 발달하지 않은 나라는 없다. 두 분야 모두 낯선 것을 수용하는 데 두려움이 없으며, 그로 인해 다채로운 문화적 토양을 만들어가기 때문이다. 음식문화의 발달사는 낯선 재료, 새로운 요리법과의 만남과 융합의 역사다. 요리에는 특허권이 없다. 개인이나 특정 집단이 독점적 권리를 주장할 수 없는 요리는 가장 민주적인 문화유산일 것이다. 새로운 음식을 먹는 행위는 자신의 몸을 미지의 영역에 내주는 모험이다. 익숙한 영역에서 낯선 영역으로 발을 내딛는 것, 기존의 습관과 가치관을 조금씩 수정해 가는 태도는 식탁에서 시작되어 다른 영역으로 전이된다. 너그러움은 식탁 위에서 진화하는 것이다.

2. 고대 지중해의 채식 vs 중세 게르만의 육식

물론 음식문화에도 기존의 것과 새로운 것이 충돌할 때 저항의 역사를 거친다. 변화를 거부하는 태도 뒤에는 익숙한 것을 지켜 안전을 보장받으려는 보수주의가 작동한다. 고대 지중해 세계에서는 빵이 문명의 상징이었다. 빵은 한 곳에 정착해서 밀이나 호밀 등 곡물을 재배하는 농경민의 주식이다. 수확한 곡물을 제분해서 반죽을 하고 효모를 사용해 부풀려 화덕에 굽는 과정을 거친 후에야 빵은 식탁에 오른다. 더불어 지중해의 척박한 토양과 건조한 기후에서 자라는 올리브에서 얻은 올리브유와 채식 위주의 음식문화가 발전했다.

북방 유목민족인 게르만족이 로마제국을 멸망시키고 유럽의 새로운 지배층이 된 중세에는 돼지고기 위주의 육식문화가 유입되었다. 게르만은 빵 대신 돼지고기를, 올리브유 대신 돼지비계로 만든 라드를 사용하는 민족이다. 지중해 사람들은 야만의 상징이던 게르만 음식문화에 대한 거부감을 오래도록 지녔다. 용맹하기는 했으나 대부분 문맹이었던 게르만 정복자와 달리, 고대 그리스어와 라틴어를 읽고 쓰는 성직자 집단은 고대문명의 전승자였을 뿐 아니라, 고대 채식문화의 수호자였다. 성직자가 하층민에게도 육식을 금한 중세의 전통은 고기의 부족 때문만이 아니라 고대의 전통이기도 했다.

중세 동안 유럽인은 동물성 기름인 라드를 받아들여갔다. 이슬람 세력이 지중해지역을 점령함에 따라 올리브의 공급도 쉽지 않았다. 점차 돼지고기는 야만이 아닌 특권의 상징으로 바뀌었다. 고기를 먹는 것은 무기를 소지하는 것만큼이나 전쟁을 업으로 삼는 전사의 특권이었고, 고대의 소식과 정반대로 대식이 지배층의 미덕이며 강인함의 상징이 되었다. 새로운 왕을 추대하기 위해 명망 있는 지중해 출신 후보를 초빙한 만찬자리에서 북방의 전사들은 이 후보가 거나하게 차려진 음식을 조금밖에 먹지 않아서 충격을 받았다. 북방전사들이 크게 실망하여 결국 제안을 철회한 일화는 유명하다.

가축에게 먹일 풀이 사라지는 겨울철에는 하층민에게도 예외적으로 육식이 허용됐다. 크리스마스와 사순절 사이의 축제인 카니발 기간이 바로 그때다. 장기보존용 사료가 없던 시절, 겨울이면 평소보다 많은 가축이 처분되어 그중 일부가 하층민에게 돌아갔다. 피테르 브뤼헐의 〈카니발과 사순절의 전투〉에서 카니발을 대표하는 거구의 남자가 목에 소시지를 줄줄이 걸고, 돼지머리를 꼬챙이에 매단 것도 고기가 풍요를 상징하기 때문이다. 돼지고기의 수용은 고대 지중해문명과 북방 게르만의 야만을 갈랐던 경계, 즉 돼지고기의 남방한계선이 유럽 음식문화의 지도에서 남하한 지표다.

이 변화에 동참하지 않은 이슬람교와 유대교의 돼지고

기 혐오증은 고대 지중해의 음식문화 전통, 즉 돼지가 야만의 상징으로 남은 예다. 베네치아 공화국은 산마르코[1] 대성당에 안치할 성인 마가의 유물을 이집트 알렉산드리아에서 밀반출할 때 돼지고기로 덮어 세관의 눈을 피했다. 세관은 혐오스러운 돼지고기를 들어내고 그 아래를 보려 하지 않았다.

산마르코 대성당

산마르코 대성당의 정면 벽화. 두 상인이 돼지고기가 든 궤짝에 마가의 유물을 숨겨 가져오는 장면. 이슬람 세관들이 돼지고기 냄새에 기겁해 코를 막고 피한다.

---

1 영어표기로 Saint Mark, 우리말 표기로 성 마가이다.

3. 감자, 극빈층의 식량에서 대중의 간식으로

낯선 음식에 대한 좀 더 격렬한 저항은 감자를 둘러싸고 일어났다. 오늘날 감자가 대부분의 문화권에서 가장 대중적인 간식인 점을 상기해보면 이해하기 힘든 일이다. 햄버거에 곁들이는 프렌치프라이는 전 세계 어린이들이 거부감 없이 받아들이는 몇 안 되는 음식이다. 바삭한 포테이토칩은 TV시청의 동반자다. 감자 칩을 먹으며 소파에 파묻혀 TV를 시청하는 사람을 가리키는 영어표현인 '카우치[2] 포테이토 couch potatoes'는 1980년대의 젊은 세대를 풍자하는 용어였다. 열정이 가득했던 1960년대의 히피와 68혁명 세대에 이어, 1970년대에는 혁명에 좌절해 지친 세대가, 그리고 1980년대에는 TV를 보며 시간을 보내는 감자 세대가 등장했다.[3] 마지막 집단의 상징이 될 정도로 감자는 현대인에게 친근한 존재다.

감자 칩을 먹으며 소파에서 TV를 보는 '카우치 포테이토'는 60년대의 꿈이 사라지고, 지친 70년대를 보낸 후, 1980년대에 등장한 무기력한 젊은 세대의 별명이기도 했다.

아이리쉬 위스키 Irish whiskey[4]는 감자의 놀라운 변신이다.

---

[2] 우리가 흔히 소파라고 부르는 2~3인용의 팔걸이가 달린 긴 안락의자를 말한다.
[3] 마크 애론슨, 『도발, 아방가르드의 문화사』(이후, 1998), pp.189~190.
[4] 스코틀랜드 위스키의 경우 whisky로 표기하지만 아일랜드 위스키는 전통적으로 whiskey로 표기한다. 일반 위스키가 보리나 옥수수 등의 곡물을 원료로 하는 데 반해, 아이리쉬 위스키는 감자를 사용했다. 최근에는 원료보다 아일랜드

제임스 조이스

조이스 동상과 펍(pub)이 몰려있는 더블린의 거리. 『율리시즈』의 주인공 블룸은 펍을 피해 더블린을 걷는 건 어려운 퍼즐을 푸는 것과 같다고 했다.

 술을 좋아하고 이방인을 환대하는 아일랜드 문화에 감자가 미친 영향은 적지 않다. 아일랜드의 대문호인 제임스 조이스가 즐겨 찾던 더블린의 펍pub에서도 이 위스키는 영혼을 달래는 음료, 스피릿spirit이었다.[5]

 하지만 불과 몇 백 년만 거슬러 올라가도 감자에 대한 인식은 사뭇 달랐다. 16세기 페루에서 스페인으로 건너온 이래 감자는 동물의 사료로, 전쟁포로와 극빈층의 생존을 위한 최후의 식량으로 사용됐다. 17세기에는 감자를 먹

 지역의 생산품인가에 따라 아이리쉬 위스키라 부르는 일이 흔하다.
5 위스키처럼 알코올 도수가 높은 증류주를 스피릿, 영혼이라 부르는 이유는 독주가 지친 영혼을 일깨우며, 에너지를 소생시키는 리바이버(reviver)로 기능하기 때문이다.

반 고흐, 〈감자먹는 사람들〉은 빵을 먹을 수 없는 극빈층의 음식이 감자였던 시절을 보여준다.

으면 나병에 걸린다는 소문이 파다했다. 1840년대 러시아 정부가 감자재배를 장려했을 때도 농민들은 폭동을 일으켰다. 반 고흐의 〈감자 먹는 사람들〉에서 알 수 있듯이 19세기말에도 감자는 여전히 빵을 먹을 수 없는 가난한 사람들의 음식이었다.

감자는 척박한 토양에서도 병충해 없이 잘 자란다. 또 사과보다 6배 많은 감자의 비타민 C는 전분에 둘러싸여 있어 열을 가해도 파괴되지 않는다. 오늘날 이러한 정보가 널리 알려질 정도로 감자는 역사 속에서 위상을 바꿔왔다. 프랑스어로 감자는 '폼므 드 테르 pomme de terre,' 즉 땅속의 사과다. 자신의 가치를 인정받은 이름이다.

4. 슬픔의 술, 럼

낯선 음식문화를 받아들인 일이 돼지고기나 감자처럼 초기의 거부감을 이겨내고 식탁의 풍요와 너그러운 태도로 발전한 것만은 아니다. 십자군 전쟁이나 잉카문명의 파괴처럼 만나지 않았더라면 좋았을 문화충돌은 불행히도 음식문화에서도 일어났다. 일상에서 소리 없이 진행되는 음식문화의 변화가 비극을 초래했다. 바로 설탕에 관한 이야기다. 설탕처럼 모든 문화권에 거부감 없이 빠른 속도로 수용되어, 시간이 갈수록 소비가 증가하는 식품도 없다. 한때 욕망의 상징으로 같은 무게의 금과 동일한 값을 받았던 후추도 과도한 애용기간이 끝나면 그 맛에 지쳐 소비가 급격히 줄어들지만 설탕만은 예외다.

초창기에는 매우 귀했던 탓에 '신성한 약'으로 알려진 설탕은 대량생산되면서 초기의 신비는 잃어버렸다. 그럼에도 소비가 줄지 않는 이유는 아마도 설탕이 무향무취이기 때문일 것이다. 냄새가 없이 단맛만 내는, 향신료가 아닌 감미료인 설탕은 향이 강한 꿀과 달리 모든 식재료와 쉽게 조화된다. 설탕이 쓰이지 못할 음식이 없다는 의미다.

설탕이 처음부터 온갖 음식에 첨가된 것은 아니었다. 커피에 설탕을 타는 것도 모험이었다. 커피의 쓴맛과 설탕의 단맛이 만나면 맛이 중립화되어 결국 아무 맛도 안 날 것이라는 우려 때문이었다. 하지만 일단 실험이 성공한 후 인류는 홍차, 카카오, 치커리 등 모든 쓴맛에 설탕을 첨가했고, 전통적인 식품보존법인 염장법을 압도할 정도로 설탕 절임은 인기를 누린다.

설탕은 두 얼굴을 지녔다. 카카오에 설탕을 첨가하지 않았더라면 인류는 단맛과 쓴맛의 결합인 신비한 맛의 세계, 단어조차 역설적인 달콤 쌉싸름한 bittersweet 초콜릿 맛을 알

행복한 맛, 초콜릿

지 못했을 것이다. 하지만 이 놀라운 축복 덕에 인류는 탐욕스러워져 설탕 생산을 늘리는 데 총력을 기울였다. 사탕수수 플랜테이션이 라틴아메리카, 아프리카 대륙의 농경지나 목축지를 점령해 들어갔다. 토착민의 생존을 위해 쓰여야 할 땅을 사탕수수 재배에 빼앗김으로써 이 지역의 인구는 정체됐고, 경제발전 억제로 이어지는 악순환의 고리에 빠졌다.

아메리카 대륙의 토착민만으로는 노동력이 부족했기에[6] 아프리카인이 노예로 팔려왔다. 사탕수수와 면화 등의 플랜테이션에 노예로 팔려간 아프리카인은 대략 1,200만 명으로 추산된다.[7] 나치의 유대인 학살 희생자인 600만 명의 2배에 달하는 수치다. 서구인의 미각을 행복하게 하기 위해 아프리카와 아메리카 두 대륙이 희생된 설탕과 노예의 삼각무역이다. 이는 영국과 인도, 중국 세 나라 사이의 차와 아편무역의 역사보다 더 광범위하고 더 지속적이다.

설탕처럼 사탕수수로 만드는 럼$_{Rum}$은 '슬픔의 술'이라 불린다. 배를 타고 아메리카 대륙에 도착할 때까지의 긴 시간, 괴혈병에 걸리는 것을 막기 위해 아프리카 노예에게도

---

[6] 오랜 교류의 역사에서 다양한 질병에 노출되어 복잡한 면역체계를 갖게 된 유럽인은 그 출현만으로도 고립된 아메리카 대륙의 원주민에게 병을 옮겨 사망에 이르게 했다. 유럽인이 들여온 병으로 인한 원주민의 사망률은 놀랍게도 종종 80%에 이르렀다. 스틴스, 『지도로 보는 문화사』, p.124.

[7] 이들 중 살아서 도착한 수는 1,000만 명이었다. 노예무역으로 아프리카의 인구도 대대적으로 감소했다. 노예의 대다수가 젊은 남성이었기에, 아프리카 사회의 여초현상이 심각했고 인구증가는 억제되었다.

마시게 했던 럼, '슬픔의 술'은 두 대륙의 비극을 기억하는 두 번째 이름이다.

5. 미식, 기근, 공정무역

고대 그리스인은 인간에겐 행복할 권리가 있다고 믿었다. 행복하기 위해 인간은 서로를 존중해야 하며, 시민들 사이에서 그 누구도 타인에게 고용되어 자신을 낮추는 일이 없어야 했다. 서구역사가 자랑하는 아테네의 직접 민주정치는 결국 인간의 행복을 보장하기 위한 제도적 장치였을 뿐이다. 행복하기 위해서는 제도뿐 아니라 일상의 여가와 식도락도 필요하다.

사탕수수 농장에서 일하는 아프리카 노예

미식의 역사는 식탁 위에서 행복을 추구한 역사다. 하지만 대량생산과 가격하락 뒤에는 저개발지역의 기근, 노동착취, 파행적 경제구조 등의 불편한 진실이 숨어있다. 15세기 말 콜럼버스가 신항로를 발견하고 대항해시대가 열린 이후, 인류는 자신의 땅에서 생산된 것만큼이나 다른 지역에서 생산된 것을 식탁에 올렸다. 1994년 영국의 환경운동가 팀 랭이 창안한 푸드 마일리지food

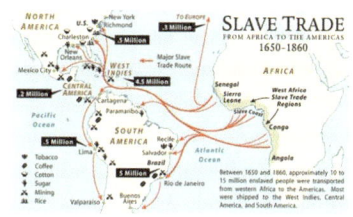

1650년부터 1860년 사이의 노예무역 지도. 지도 왼쪽아래의 기호는 위로부터 담배, 커피, 면화, 설탕, 광산, 쌀 생산지역을 표시한다.

mileage 줄이기 운동은 식품의 산지와 소비자 사이의 수송거리를 줄여 온실가스를 줄이자는 의도다. 자신에게 없는 것을 정복과 원거리 무역을 통해서라도 손에 넣는 탐욕의 관행을 자제하자는 의미이기도 하다.

중국은 수천 년에 걸친 제국의 역사에도 불구하고 서구 열강과 달리 해외 식민지를 대대적으로 건설하거나 대항해 시대에 동참하지 않았다. 제국 내에서 모든 것이 풍족하게 공급되기 때문이기도 하지만, 중용과 절제의 도를 존중하는 전통의 영향도 무시할 수 없다. 모더니즘이나 포스트모더니즘이 근대성을 비판하는 이유는 서구문명이 근대에 들어와서 욕망을 조절하고 타인을 존중하는 정신을 잊어버리고, 산업 혁명을 추진한 경쟁과 승리의 논리에 과도하게 도취되었기 때문이다. 영국의 철학자 러셀은 근로가 미덕이라는 믿음이 근대사회를 병들게 했다고 주장한다. YMCA 지도자들이 자신의 주장을 듣고 선량한 젊은이들에게 아무것도 하지 말아 보라고 캠페인을 시작해 준다면 자신의 인생도 그리 헛되지 않으리라는 소망을 피력하면서.[8]

전 지구적 차원에서 장기간에 걸쳐 구축된 식품생산과 이동의 복잡한 경로와 경제시스템을 하루아침에 바꿀 수는 없다. 하지만 일상의 실천이 작은 변화를 일으키는 지점

---

[8] 버트런드 러셀, 『게으름에 대한 찬양』(사회평론, 2010), pp.16, 18.

에서 희망은 시작된다. 포스트모던 시대를 연 68혁명 또한 제도를 바꾸기보다 일상의 문화와 실천을 바꾸는 것이 우리 시대에 맞는 저항방식임을 간파했었다. 아동노동을 금지하고 생산자에게 정당한 이윤을 돌려주자는 의도에서 1989년에 출범한 공정무역기구 Fair Trade Organization의 인증제품을 구매하는 소비자가 느리지만 꾸준히 늘고 있다. 소비의 방향을 조금 돌린 일도 있었다. 카카오 함량이 높은 초콜릿으로 소비자들이 이동했을 때 제과업체들이 시장변화에 민감하게 반응했다. 11월 11일 거리를 수놓는 막대 초콜릿의 당도를 경쟁적으로 낮춘 것이다.[9] 이 사례는 거대기업을 움직인 소비자의 승리로 세계소비자운동기구에 보고되었다. 설탕의 소비를 줄이는 방향으로 입맛이 변한다면 비만과 충치, 인슐린 분비체계의 교란, 뇌로의 영양공급 방해와 치매촉진이라는 무시무시한 걱정을 덜 뿐 아니라 사탕수수 플랜테이션의 확장속도를 아주 조금은 늦출 수 있다. 낯선 음식을 수용하고, 또 익숙한 음식의 중독으로부터 벗어날 때 새로운 가능성이 열린다.

공정무역 인증 마크

식탁은 거대한 변화가 첫발을 내딛는 작은 세계다.

---

[9] 초콜릿의 원료인 카카오도 설탕처럼 대농장에서 값싼 노동력을 착취하는 품목이지만, 그동안 제과업체가 제공해온 가짜 초콜릿, 즉 카카오가 함유되지 않은 초콜릿색 지방에 화학적인 카카오 향과 대량의 화학설탕을 첨가한 제품보다는 천연 카카오가 포함된 게 건강한 음식문화에 한 발 다가선 제품이다.

찾아보기

ㄱ

가부장제 232
가부장 제도 231
가사노동 156
가상역사 230
가우디 95
가족로망스 65
가족정치 232
갈레노스 63
감자 250
거시사 245
검은 복장 136
검은색 136
게르만 22
계급정체성 151
계몽주의 28
고야 7
고전적 육체 207
공적영역 57
공정무역 257
과학 혁명 28
광대 210
광부 142
구조주의 98
그림형제 222
글램록 8
기괴한 육체 207

ㄴ

나치문화 45
나폴레옹 6
나폴레옹 3세 119
남성보통선거권 38
낭만주의 72
냉전시대 8
너바나 183
노동운동 39
노동자 7, 109
노예 5
농노 22
농부 142
농업 혁명 222

ㄷ

다비드 80
다빈치 27
단턴 221
달리 101
대중매체 164
대중문화 203
대처 179
대화론 205
데이빗 보위 171
데이트방식 73
데카르트 36
도널드 덕 223

찾아보기 259

도미에 101
독백론 205
동성애 171
돼지고기 248
뒤집어진 세상 210
드가 134
드골 194
들라크루아 96
디스토피아 228
디즈니 8, 222

ㄹ

랑케 221
럼 254
레이건 179
레콩키스타 86
렘브란트 34
로마 19
로베스피에르 62
로코코시대 137
로큰롤 163
록 음악 8
롤랑 바르트 135
롤링스톤스 166
루벤스 36
루소 66
루터 29
룸펜 프롤레타리아 212
르네상스 27
르누아르 134, 146
르 미를리통 122
르 파르티 우브리에 122

르 프롤레테르 122
리들리 스캇 228

ㅁ

마네 70, 98, 134
마녀사냥 63
마드리드 96
마르크스 111
마리 앙투아네트 6
마법 229
마이클 잭슨 181
마호메트 24
막스 베버 136
만화 220
망탈리테 222
매너 58
매독 70
매춘 173
모네 134
모더니즘 102, 190
몸의 정치 207
몽마르트르 7, 116
문자 해독률 55
미셸 푸코 224
미시사 245
미야자키 하야오 8
민담 221
민족주의 43
민중축제 165
밀레 142
밀집대형 전술 16

ㅂ

바로크　29
바르셀로나　95
바스티유　149
바흐친　135
반 고흐　9
반권위주의　163
반문화　45
반영웅　197
반전　163
발자크　111
발터 벤야민　7
밥 딜런　167
베르메르　34
베르사유　58, 152
벨벳 언더그라운드　169
보드리야르　135
보들레르　69
보위　171
복식의 사회학　135
부르주아　6
브뤼앙　9, 116
비틀즈　166
비행기　41
빅토리아 시대　236

ㅅ

사그라다 파밀리아　95
사순절　174
사이키델릭록　167
사적영역　62
사회주의　39
산업 혁명　7
살롱　59
삼각무역　254
상징주의　72
상퀼로트　67, 149
샤를 페로　222
샤리바리　204
샤베르　120
샹송가수　138
석유파동　179
설탕　253
성차별　209
성해방　163
세계대전　8
세계시민주의　19
세상 뒤집기　210
세탁부　140
섹스 피스톨스　199
소비　49
소크라테스　15
손　140
스탈린　194
스탱랑　126
스파르타　16
스페인　6
시각적 역공　91
식량 공급자　64
신문　7
십자군 전쟁　23

ㅇ

아도르노　175

아르누보　72
아리스토텔레스　5
아테네　15
아트 슈피겔만　243
알렉산드로스　17
암스테르담　36
애니메이션　8, 220
양성애　209
양성체　207
에니어그램　81
에이즈 환자　238
엘리트문화　203
엘비스 프레슬리　166
엥겔스　111
여가　119, 146
여가문화　146
여성참정권운동　39
영주　22
오리엔탈리즘　225
오스만　107
오스카 와일드　172
올랭피아　70
우뇌　94
우드스탁 페스티벌　46
원근법　27
위고　119
위험한 계급　128
위험한 관계　55
유대인　23
유토피아　213
68혁명　39
이기 팝　198

이미지　31, 219
이브 생 로랑　154
이슬람　24
2차 대전　41
인간소외　43
인권선언문　38
인상주의　7
인쇄공　121
인쇄술　34
인종 차별주의　43, 200
1차 대전　41
임금노동　156
입체파　42

ㅈ

자코뱅　67
장원　22
재즈　45
저항문화　163
저항음악　174
절대주의　29
정치클럽　152
제3신분　29
제국주의　43
조프랭　120
존 레넌　179
졸라　70, 142, 156
종교개혁　28
종교재판　90
종교 전쟁　6, 29
좌뇌　94
주변인　235

지미 헨드릭스　49
집단심성　65

ㅊ

처칠　41
철도　138
철도원　138
청기사파　42
체 게바라　48
초청방식　73
축제　196

ㅋ

카니발　8
카바레　122
카우보트　140
카페　7
칼 바크스　224
칼뱅　29
코베인　182
코코 샤넬　154
콜럼버스　86, 255
퀸　180
클래쉬　200

ㅌ

탈기독교화　115
툴루즈-로트렉　126

ㅍ

파리　107
파리코뮌　122

파시즘　200
판화　66, 151
팜므 파탈　70
펑크록　8
포르노그래피　66
포스터　41
포스트모더니즘　190
포스트모던　47
푸코　61
프랑스　6
프랑스 혁명　6
프린스　181
플라톤　15
피카소　98

ㅎ

행복　180
허구　221
헤밍웨이　81
헤이든 화이트　221
헬레니즘　19
호메로스　16
흑사병　28
히틀러　19
히피　163
힙합　185

문화충돌, 그리고 너그러움의 진화
바로크 궁정문화에서 디즈니까지

1판 1쇄 인쇄 2012년 2월 20일
1판 1쇄 발행 2012년 2월 28일

지은이 서이자
펴낸이 서채윤
펴낸곳 채륜
책임편집 정나영
표지·본문디자인 Design窓 (66605700@hanmail.net)

등록 2007년 6월 25일(제25100-2007-000025호)
주소 서울 광진구 군자동 229
대표전화 02-6080-8778 | **팩스** 02-6080-0707
E-mail chaeryunbook@naver.com
Homepage www.chaeryun.com

ⓒ 서이자, 2012
ⓒ 채륜, 2012, printed in Korea

책값은 뒤표지에 있습니다.
ISBN 978-89-93799-51-4 93300

※ 잘못된 책은 구입하신 서점에서 바꾸어 드립니다.
※ 저자와 출판사의 허락 없이 책의 전부 또는 일부 내용을 사용할 수 없습니다.